Der Regen kämpft mit meiner Fröhlichkeit

Arne Salig

ISBN: 1523242833
ISBN-13: 9781523242832

DANKE!

Mein herzlicher Dank für die großartige Hilfe gilt Inga, Günter, Gabriele, Kata sowie meinen Interviewpartnerinnen Sabine, Kira, Daniela, Nina, Henrike, Grace und Berna.
An meine „alte“ Schulfreundin Petra geht ein riesengroßes Dankeschön für die wirklich großartige Unterstützung.

Ein ganz besonders herzlicher, liebevoller Dank gilt meinem wundervollen Sohn Emil.

INHALT

Laute Welt mit bunten Farben,
Seelen, die oft traurig sind.
Großgefühle, kaum zu tragen,
für ein kleines Menschenkind.

Mutters Hand ist mein Zuhause,
Vater hält mich fest und warm.
Laute Welt, Du hast jetzt Pause,
berge mich in sich'rem Arm.

(Grace Fuller)

1 HOCHSENSIBEL - WAS BEDEUTET DAS EIGENTLICH?

Es war ein wunderschöner Spätsommer, der dem Herbst einfach keinen Platz machte. Warm, sonnig und nicht enden wollend, so schien es. Bis in den Oktober hinein erreichten die Temperaturen tagsüber noch mühelos zwanzig Grad. In der Nacht nun war das Wetter umgeschlagen. Plötzlich, unvermittelt und unumkehrbar, denn an diesem Morgen spürte man, dass dies nicht nur ein einzelner Regentag sein würde. Nein, quasi über Nacht hatte sich der lange Spätsommer endgültig verabschiedet. Die Temperaturen waren rapide gefallen, ein grauer Schleier legte sich über die Straßen, ein monotoner Regen prasselte an die Fensterscheiben - und die Luft roch auf einmal nach Herbst.

Als ich meinen Sohn an diesem Tag zur Schule brachte, sah er betrübt aus dem Auto und stellte fest: *„Der Regen kämpft mit meiner Fröhlichkeit!“*

Dieser kleine Satz zeigt recht gut, wie komplex hochsensible Menschen -Erwachsene wie Kinder- fühlen und denken. Ein weniger sensibles Kind hätte vielleicht gesagt *„Schade, dass der Sommer vorbei ist"*, oder hätte sich vielleicht auch nur auf ein genervtes *„Blöder Regen!"* beschränkt.

Ein hochsensibles Kind sieht den Regen nicht nur als Wetterphänomen, sondern spürt, dass dieser Regen etwas mit seiner Seele macht. Ein solches Kind fühlt die Fröhlichkeit in sich und merkt, dass der Regen diese Fröhlichkeit stört. Ja, dass er sogar etwas in ihm auslöst, das es als eine Art inneren Kampf empfindet: *„Der Regen kämpft mit meiner Fröhlichkeit!"*

Hochsensibel – mehr als überempfindlich

In Medienberichten wird Hochsensibilität häufig etwas verkürzt als eine Art Überempfindlichkeit dargestellt. Am häufigsten wird dabei die erhöhte Geräuschempfindlichkeit sogenannter HSPs (für Highly Sensitive Person) als Beispiel genannt, wie etwa das unerträglich laute Ticken einer Uhr. Tatsächlich erleben viele hochsensible Personen eine teilweise deutlich verstärkte sinnliche Wahrnehmung.

Aber Hochsensibilität lässt sich keineswegs nur darauf beschränken. Neben der bereits beschriebenen intensiven Sinneswahrnehmung können eine ganze Reihe weiterer (zum Teil widersprüchlicher) Aspekte Merkmale von Hochsensibilität sein.

Diese nachfolgend genannten Eigenschaften kann man durchaus als typisch für HSPs bezeichnen:

- Ausgeprägte Fantasie
- Weitreichende Gedankengänge
- Erhöhte Schmerzempfindlichkeit
- Detailreiche Wahrnehmung
- Hohe und schnelle Begeisterungsfähigkeit
- Sehr vielseitige Interessen
- Ausgeprägtes Langzeitgedächtnis
- Psychosoziale Feinwahrnehmung
- Starke Beeinflussung durch die Stimmungen anderer Menschen
- Ausgeprägtes intuitives Denken
- Langer emotionaler „Nachklang" des Erlebten
- Denken in größeren Zusammenhängen
- Ausgeprägter Gerechtigkeitssinn
- Harmoniebedürfnis
- Gewissenhaftigkeit
- Intensives Erleben von Kunst, Musik und Natur
- Perfektionismus
- Hohe Empathie

Die typisch hochsensible Person gibt es nicht!

Hochsensibilität hat kein einheitliches „Gesicht" und all die oben genannten Merkmale können in ganz unterschiedlicher Intensität und Zusammensetzung auftreten. Hochsensible können sowohl introvertiert als auch extrovertiert sein.

Es gibt sogenannte „Scanner“ (Vielbegabte) oder auch „HSS“ (Highly Sensation Seeking). Die Scanner interessieren sich für viele verschiedene Dinge, lernen sie oft auch mit überdurchschnittlicher Geschwindigkeit, um sich dann auf ein neues Thema zu stürzen. Das wirkt für Außenstehende sprunghaft, doch dem ist nicht so. Scanner haben vielfältige Interessen und Talente und brauchen tatsächlich immer neue Herausforderungen, ohne dass sie die gerade bewältigten Themen vergessen. Diese werden vielmehr als Erfahrungen abgespeichert, um bei Gelegenheit wieder darauf zurückzukommen.

HSS wiederum sind keineswegs immer Adrenalin-Junkies, die ständig auf der Suche nach größerer Action sind. Die Suche nach Sensationen kann beispielsweise in Bereichen wie der Kunst, im Lernen oder auch in Emotionen stattfinden.

15 bis 20 Prozent aller Menschen sind hochsensibel

Aufgrund verschiedener Forschungen geht man davon aus, dass etwa fünfzehn bis zwanzig Prozent aller Kinder, Jugendlichen und Erwachsenen auf die eine oder andere Weise und in unterschiedlicher Intensität hochsensibel sind.

Obwohl damit zwar immer noch eine deutliche Minderheit der Menschen betroffen ist, erstaunt es dennoch, dass dieses Thema erst in den letzten Jahren überhaupt von einer breiteren Öffentlichkeit wahrgenommen wurde. Noch immer reagieren Ärzte, Erzieher, Lehrer und selbst Psychologen erstaunt (und mitunter gar spöttisch), wenn man mit Ihnen über Hochsensibilität spricht. Doch es ist falsch und grob fahrlässig, dieses Thema zu belächeln oder lediglich als eine Art „Psychomode“ abzutun, denn die wissenschaftliche Forschung hat gerade in den letzten Jahren gewaltige Fortschritte gemacht. Diese aktuellen Arbeiten zur Erforschung erhöhter sensitiver Wahrnehmung wiederum haben bereits eine lange Vorgeschichte.

Es war Iwan Pawlow (1849-1936), der im letzten Jahrhundert wohl erstmals auf dieses Phänomen stieß. Der russische Mediziner betrieb umfangreiche Forschungen, wobei ihm insbesondere seine Arbeit mit Hunden weltweite Bekanntheit verschaffte (der sogenannte „Pawlow‘sche Reflex“). In einer anderen Forschungsarbeit über die Erregung und Belastbarkeit des Nervensystems setzte er Menschen in Versuchen starkem Lärm aus und erhielt dabei ein unerwartetes und erstaunliches Ergebnis:

Die Belastbarkeit verteilte sich nicht etwa gleichmäßig über alle Versuchspersonen, sondern es bildeten sich zwei deutlich unterschiedliche Gruppen heraus.

Für etwa fünfzehn Prozent der Versuchsteilnehmer war die Grenze ihrer Belastbarkeit relativ schnell erreicht. Danach gab es jedoch keinen fließenden Übergang, sondern zunächst einmal eine deutliche

„Lücke". Erst viel später erfolgte dann wieder eine gleichmäßige Verteilung über die restlichen 85 Prozent der Versuchspersonen.

Pawlow ging deshalb bereits damals davon aus, dass die Hochempfindlichen eine eigene Gruppe bildeten und ihre Besonderheit angeboren war. Damit hat Pawlow, vermutlich ohne es damals zu ahnen, wohl als erster Forscher die erhöhte Lärmempfindlichkeit nachgewiesen, von der ein Großteil der hochsensiblen Personen betroffen ist.

Jerome Kagan (geboren 1929) gilt als einer der einflussreichsten Psychologen des zwanzigsten Jahrhunderts. Unter anderem beschäftigte er sich intensiv mit der Persönlichkeitsentwicklung von Kindern und Jugendlichen. Er wies nach, dass schon im Alter von vier Monaten etwa zwanzig Prozent der Säuglinge empfindlicher auf Fremdes und Neues reagierten, was sich durch Weinen oder Zappeln mit Armen oder Beinen äußerte. Kagan deutete dies jedoch zunächst als Ängstlichkeit.

Erst 1996 wurden sowohl Pawlows als auch Kagans Studie gemeinsam mit anderen Forschungsergebnissen in einen größeren Zusammenhang gestellt. Mit „The highly sensitive person" veröffentlichte die amerikanische Psychologin und Psychotherapeutin Dr. Elaine Aron 1996 ein Buch zu dem erstmals von ihr erforschten Persönlichkeitsmerkmal einer erhöhten Sensibilität, das auch heute noch als *die* Grundlage zu diesem Thema gilt. Auch der Begriff „Highly sensitive person“ (oder kurz HSP) etablierte sich damit und wird in Deutschland zumeist mit „Hochsensible Person“ übersetzt. Wie bereits Pawlow und Kagan stellte auch Aron in ihren Untersuchungen fest, dass etwa fünfzehn bis zwanzig Prozent der jeweiligen Teilnehmerinnen und Teilnehmer eine erhöhte Sensibilität aufwiesen.

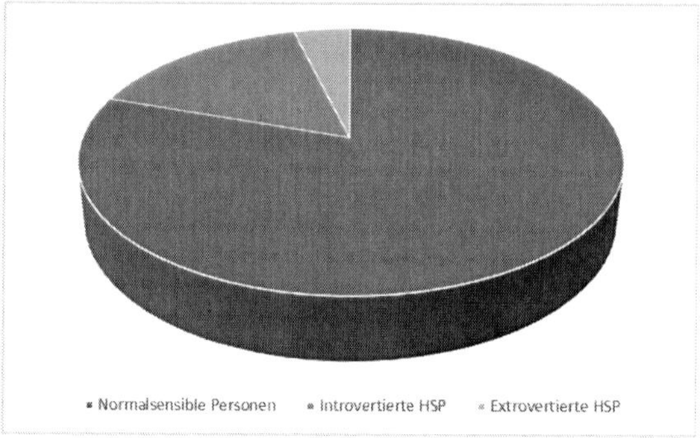

Hochsensibel, hochsensitiv oder doch eher hochempatisch?

Das amerikanische Wort „sensitive“ wurde seinerzeit sprachlich korrekt mit „sensibel“ ins Deutsche übersetzt. Nun hat dieses Wort leider oft einen Beigeschmack von Weichheit, der von vielen Menschen negativ bewertet wird. „Hochsensitiv“ wiederum wäre als Begriff eine Beschränkung auf die starken sinnlichen Wahrnehmungen. „Hochempathisch“ beschreibt ebenfalls nur einen Teil dessen, was eine „highly sensitive person“ ausmachen kann.

Insofern drückt die ohnehin weitverbreitete Bezeichnung „hochsensibel“ dieses Charaktermerkmal am besten aus - auch wenn es ein langer Prozess werden dürfte, weniger Sensiblen klarzumachen, das Sensibilität nicht immer „weich“ und schon gar nicht negativ ist.

Im Jahre 1997 erschien die erste wissenschaftliche Veröffentlichung im renommierten „Journal of Personality and Social Psychology“ (wiederum von Elaine Aron und ihrem Mann Arthur), die explizit Hochsensibilität zum Thema hatte. Immerhin ist diese Veröffentlichung nun beinahe zwanzig Jahre alt. Da drängt sich zwangsläufig die Frage auf, warum sich manche Ärzte, Psychologen und Pädagogen auch heute noch gerne auf die Aussage zurückziehen, dass Hochsensibilität bislang wissenschaftlich noch längst nicht nachgewiesen sei.

Der Weg zur wissenschaftlichen Anerkennung

Bis eine wissenschaftliche Veröffentlichung zu einer sogenannten „herrschenden Meinung“ wird, vergehen üblicherweise einige Jahrzehnte. In diesem Fall kommt erschwerend hinzu, dass Elaine Aron eine unwissenschaftliche Methodik in ihrer Arbeit vorgeworfen wurde, so dass in manchen Teilen der Wissenschaft das Phänomen der Hochsensibilität lange Zeit belächelt wurde. Im Normalfall folgen einer ersten Studie weitere Forschungen, welche die ursprünglich aufgestellten Thesen entweder erhärten, stärken und präzisieren oder auch (teilweise) widerlegen, bis schließlich so etwas wie eine allgemeine wissenschaftliche Anerkennung erreicht ist. Entsprechend hat es auch beim Thema Hochsensibilität weltweit eine Vielzahl weiterer Forschungen gegeben, die allesamt die Ergebnisse aus Arons Studie bestätigen. Inzwischen konnten mit Hilfe der funktionellen Magnetresonanztomographie (MRT) eindeutige Unterschiede in der Art der Reizverarbeitung im Gehirn zwischen HSPs und weniger sensiblen Personen nachgewiesen werden. So ließ sich damit erkennen, dass diejenigen Gehirnbereiche, die zuständig sind für Empathie, Wahrnehmungsfähigkeit sowie die Verarbeitung von äußeren Informationen und Reizen in das eigene System bei hochsensiblen Menschen deutlich höhere Aktivitäten aufweisen.

Hochsensible Personen haben (noch) keine Lobby

Mit diesen neuen Forschungsergebnissen lässt sich Hochsensibilität nicht mehr als eine unbewiesene Idee abtun, sondern vielmehr ist dieses Phänomen nach heutigem Stand eine erblich bedingte besondere Konstitution des neuronalen Systems - aber keine Krankheit!

Dennoch leiden Betroffene häufig, da sich niemand so recht mit ihnen und ihrer Empfindsamkeit zu beschäftigen scheint. Es steht jedoch zu befürchten, dass Hochsensibilität mit zunehmender Bekanntheit auch in den Fokus wirtschaftlicher Interessen rückt und so ist die Formulierung „nach heutigem Stand“ in Bezug auf das Thema Krankheit bewusst gewählt, denn was eine psychische Erkrankung ist und was nicht – das kann sich durchaus ändern.

So hat in den letzten Jahren die Anzahl der Definitionen psychischer Störungen und Erkrankungen dramatisch zugenommen: *„Die diagnostische Inflation hat dafür gesorgt, dass ein absurd hoher Anteil unserer Bevölkerung heutzutage auf Antidepressiva, Neuroleptika, Anxiolytika, auf Schlaf- und Schmerzmittel angewiesen ist“*, schreibt der amerikanische Psychologe Allen Frances in seinem bemerkenswerten Buch “Normal - Gegen die Inflation psychiatrischer Diagnosen“.

Frances muss es wissen, denn er war maßgeblich daran beteiligt, indem er bei der American Psychiatric Association (APA) neue seelische Leiden mit erfand. Die APA ist die weltweit größte Psychiater-Vereinigung, und sie gibt seit 1952 das Standardwerk der Seelenheilkunde heraus, in dem psychische Krankheiten definiert werden: Das „Diagnostic and Statistical Manual of Mental Disorders“ (oder kurz DSM).

Hierbei handelt es sich um das nationale Klassifikationssystem der USA, das in Konkurrenz zu dem internationalen ICD-10 der Weltgesundheitsorganisation steht. Da das DSM genauere diagnostische Kriterien als das ICD-10 enthält, ist es für die Forschung besonders interessant. Allen Frances hatte bereits an der dritten Auflage (DSM-III) mitgewirkt und war gar Vorsitzender der Kommission, welche die vierte Auflage (DSM-IV) erarbeitet hat.

In diesem Zeitraum ist die Anzahl der verschiedenen Diagnosen von 182 auf sagenhafte 297 gestiegen. Im Klartext heißt das: Was eben noch völlig normal war, eine harmlose Marotte oder ein Tick, wird mit der Aufnahme in das DSM zur psychischen Krankheit.

Wie viele seiner Kollegen war auch Frances nebenberuflich in vielfältiger Weise (u.a. als gut bezahlter Redner) für die pharmazeutische Industrie tätig. Kritiker bemängeln seit langem, dass eine Vielzahl der Psychiater, die über die Aufnahme einer neuen „Krankheit“ in das DSM entscheiden, eine auffällige Nähe zur Pharma-Lobby haben.

Man mag dies natürlich für Verschwörungstheorien halten, aber der Gedanke, dass Pharmaunternehmen ein massives Interesse haben könnten, sich durch neu zu definierende Krankheiten neue, zusätzliche Märkte zu erschließen, erscheint wohl zumindest nicht gänzlich unplausibel.

Da es geschätzte fünfzehn bis zwanzig Prozent Hochsensible unter allen Menschen gibt, dürfte dies mit zunehmender Forschung auch Begehrlichkeiten wecken, und dies nicht nur bei den Pharma-Unternehmen, sondern auch bei den Psychiatern selbst, die sich auf diese Weise mal eben ein Fünftel der Bevölkerung als potentielle Patienten definieren könnten. Im Umkehrschluss bedeutet das, dass hochsensible Menschen noch keine „Lobby“ haben.

Ärzte sind nicht zuständig, eben weil es sich ja nicht um eine Erkrankung handelt. Wer Hilfe sucht, ist momentan deshalb noch auf sich allein gestellt. Gerade für hochsensible Kinder ist dieser Zustand fatal, denn sie werden dennoch nicht gerade selten mit Medikamenten „behandelt".

In den letzten Jahren hat die Anzahl der Diagnosen von ADS (Aufmerksamkeits-Defizitstörung) ebenso wie ADHS (Aufmerksamkeitsdefizit- Hyperaktivitätsstörung) derartig stark zugenommen, dass man sich wirklich fragen muss, wie sich diese Störung geradezu Epidemie artig verbreiten konnte.

Dass nun plötzlich insbesondere Jungen tatsächlich in so großer Zahl „erkranken", ist selbst für wohlmeinende Betrachter nur schwer vorstellbar. Auch Allen Frances gibt in seinem Buch zu, dass die Kinder heute nicht gestörter seien als früher: *„Was sich verändert, sind die Etiketten!"*

Hochsensibilität in Abgrenzung zu Asperger-Autismus und AD(H)S

Naheliegend ist, dass die Diagnose ADS / ADHS heute zumindest sehr viel leichtfertiger gestellt wird. Es ist ja auch bequem: Das unruhige Kind wird mit Medikamenten ruhig gestellt. Ärzte, Lehrer und Eltern haben eine einleuchtende Erklärung für das Verhalten des Kindes. Es gibt kritische Mediziner, die davon ausgehen, dass zwischen 65% und 85% aller derartigen Diagnosen fehlerhaft sind.

Bei oberflächlicher Untersuchung wird bei einer nicht unerheblichen Anzahl von hochsensiblen Kindern auch schon mal Asperger-Autismus diagnostiziert.

Nun heißt das im Umkehrschluss natürlich nicht, dass bei allen Kindern, bei denen ADS oder Asperger Autismus diagnostiziert wurde, eigentlich „nur“ Hochsensibilität der Grund für ihre Verhaltensauffälligkeiten wäre. Aber unter den zu Unrecht als ADS oder ADHS-Kind Klassifizierten befindet sich mit hoher Sicherheit ein nicht unerheblicher Anteil hochsensibler Kinder, denen man mit der chemischen Ruhigstellung unfassbares Leid zufügt (ebenso übrigens wie beispielsweise nicht erkannten Linkshändern, die auf Grund der neuronalen Überlastung auch leicht in das ADS/ADHS-Raster fallen können).

Während man sich bei Letzteren noch durch einen sogenannten Händigkeitstest Gewissheit verschaffen kann, gibt es für Hochsensible keinen wissenschaftlich anerkannten Test, da eben Hochsensibilität an sich noch nicht vollständig wissenschaftlich anerkannt ist.

So bietet auch der folgende Test lediglich eine Orientierung, die allerdings schon einmal sehr hilfreich für den weiteren Umgang mit dem betroffenen Kind sein kann.

2 HS-TEST FÜR KINDER

Wie bereits erwähnt, gibt es zum Themenkomplex Hochsensibilität keine einheitlichen Tests nach wissenschaftlich anerkannten Standards. Auch kann man hochsensible Kinder nicht ohne weiteres „erkennen“, da durchaus nicht alle dem Klischee eines stillen, schüchternen Wesens entsprechen.

Im Gegenteil: Mindestens dreißig Prozent der hochsensiblen Kinder sind ausgesprochen extrovertiert.

Die folgenden Fragen dienen daher lediglich zu einer ersten Einschätzung Ihrer Tochter oder Ihres Sohnes und zeigen typische Merkmale hochsensibler Kinder auf. Nehmen Sie sich ein Blatt Papier und machen Sie eine Strichliste - mit einem Strich für jede Frage, die Sie mit „Ja“ beantworten können, auch wenn Verhaltensweisen nicht immer, aber überwiegend zutreffen.

1) Reagiert Ihr Kind ängstlich und / oder gestresst auf laute Geräusche?

2) Neigt Ihr Kind zu besonderer körperlicher Empfindlichkeit (Etiketten in der Kleidung, juckende Haare nach Frisörbesuch, kratzende Stoffe, drückende Schuhe)?

3) Ist Ihr Kind generell eher schreckhaft?

4) Kann Ihr Kind schlecht mit Stress umgehen?

5) Hat Ihr Kind einen außergewöhnlich großen Bedarf an körperlicher Nähe zu Ihnen und gegebenenfalls weiteren Bezugspersonen?

6) Verspürt es dagegen Unwohlsein bei körperlicher Nähe zu anderen Menschen als den Bezugspersonen?

7) Hat Ihr Kind einen ausgeprägten Sinn für Gerechtigkeit?

8) Ist Ihr Kind besonders kreativ und verfügt über eine starke, bildhafte Fantasie?

9) Ist Ihr Kind schnell müde oder erschöpft, wenn zu viele Eindrücke auf es einwirken?

10) Ist Ihr Kind beim Essen über das übliche Maß hinaus mäkelig und/oder wählerisch?

11) Zieht sich Ihr Kind zurück (z.B. in Kita oder Schule)?

12) Klagt Ihr Kind über die Lautstärke in der Kita oder Schule?

13) Neigt Ihr Kind zu altersuntypischen, sehr komplexen Gedankengängen?

14) Verfügt Ihr Kind über ein stark ausgeprägtes Bedürfnis nach Harmonie?

15) Hat Ihr Kind gar keine oder nur sehr wenige Freunde (erlebt diese Freundschaften dann aber möglicherweise besonders intensiv)?

16) Gibt es größere Probleme bei Frisör- oder Zahnarztterminen (z.B. Weinen oder „übertriebene“ Angst)?

17) Nimmt Ihr Kind auch kleine Details gut wahr und registriert Veränderungen an Details?

18) Hat Ihr Kind ein ausgeprägtes Hunger- und Durstgefühl, das dann sofort gestillt werden muss?

19) Neigt Ihr Kind zu schnellen Stimmungswechseln?

20) Beobachtet und durchdenkt Ihr Kind erst neue Dinge oder Situationen, bevor es sie selbst aktiv ausprobiert?

21) Äußert Ihr Kind den Wunsch nach klaren Regeln und pocht auf deren Einhaltung?

22) Versucht Ihr Kind, viele / alle Dinge richtig zu machen? Ist es (besonders sich selbst gegenüber) perfektionistisch?

23) Beschäftigt sich Ihr Kind mit altersuntypischen Fragen (z.B. über das Leben, den Tod oder die Natur)?

24) Reagiert Ihr Kind stark auf äußere Eindrücke (Musik, Natur, Bilder)?

25) Braucht Ihr Kind deutlich mehr Sicherheit und Geborgenheit als Gleichaltrige?

26) Hat Ihr Kind Ein- und Durchschlafschwierigkeiten, insbesondere an Tagen, an denen es viel erlebt hat?

27) Spürt Ihr Kind sehr stark die Stimmungen seiner Mitmenschen?

28) Wird Ihr Kind schnell nervös oder erschöpft?

29) Mag Ihr Kind keine großen Überraschungen?

30) Formuliert Ihr Kind außergewöhnliche Sätze? Hat es ein ausgeprägtes Gespür für Worte?

31) Reagiert Ihr Kind unruhig auf Geschwindigkeit (z.B. Übelkeit beim Autofahren) und beruhigt sich andererseits bei langsamen, gleichmäßigen Bewegungen (z.B. Schaukeln)?

Haben Sie mehr als fünfzehn mal mit „Ja“ geantwortet? Dann ist Ihr Kind vermutlich hochsensibel. Je öfter Sie Fragen bejahen konnten, umso höher ist die Wahrscheinlichkeit der Hochsensibilität.

Und das ist keine schlechte Nachricht, denn wie gesagt: Hochsensibilität ist keine Krankheit, sondern optimaler Weise eine große Bereicherung im Leben Ihres Kindes.

Zu den Fähigkeiten und Chancen in diesem Zusammenhang kommen wir in den folgenden Kapiteln noch ausführlicher zu sprechen.

Übrigens spricht die Wahrscheinlichkeit dafür, dass Sie oder Ihr Partner beziehungsweise Ihre Partnerin ebenfalls hochsensibel sind, denn nach heutigem Kenntnisstand ist diese Eigenschaft erblich. Wenn Sie neugierig sind, können Sie gerne einen der zahlreichen Tests durchführen, die Sie im Internet finden, wobei auch diese Tests kein definitives Ergebnis, sondern lediglich eine Orientierung bieten.

3 DAS HOCHSENSIBLE KIND

Sohn: *„Papa, wie wird man eigentlich berühmt?"*

Vater (erstaunt): *„Warum willst Du denn berühmt werden?"*

Das Kind ist fünf Jahre alt, und so rechnet der Vater mit einer altersgemäßen Erklärung. Etwa, dass man durch die Berühmtheit bestimmt spannende und lustige Sachen erlebt. Doch der Sohn ist mit seinen Gedanken gleich mehrere Schritte weiter.

Sohn: *„Weißt Du... Ich habe mir überlegt, dass ich später nicht einfach so sterben möchte. Ich möchte, dass auch danach noch überall Bilder von mir hängen. Noch besser wäre ein Denkmal."*

Hochsensible Kinder sind anders. Sie denken anders. Wie auch hochsensible Erwachsene sind sie bereits in der Lage, in sehr langen Zeiträumen (generationsübergreifend) zu denken. In der Kita und in der Schule sind derlei Talente leider meistens noch nicht gefragt.

Letztlich müssen die Kinder dort „funktionieren" – und zwar nach altersgerechter Norm. Nun haben gerade hochsensible Kinder eine ganze Reihe von Empfindungen und Empfindsamkeiten, die ihnen genau das schwer machen. So werden sie - ohne es zu wollen - dadurch mitunter fast schon automatisch zu Außenseitern.

„Empfindlicher" als andere

Fragt man hochsensible Erwachsene nach ihrer Kindheit, erzählen sie fast immer davon, dass es einige typische Sätze gab, die sie ständig zu hören bekamen: *„Nun stell dich mal nicht so an!"* ist einer davon. Ein anderer: *„Sei doch nicht so empfindlich!"*

Ergänzt wurden solche Sätze häufig noch mit Hinweisen auf andere Kinder, die schließlich keine derartigen Probleme haben würden.

Probleme gibt es in vielerlei Hinsicht. Am auffälligsten ist dabei sicher die erhöhte sinnliche Empfindlichkeit.

Da sind zum Beispiel die unerträglich kratzenden Etiketten in der Kleidung, die für ein hochsensibles Kind tatsächlich kaum auszuhalten sind. Genauso ist es mit Haaren, die nach dem Frisörbesuch in den Kragen rutschen. Solche „Kleinigkeiten" empfinden Hochsensible als extrem unangenehm, während weniger Sensible sie überhaupt nicht oder kaum wahrnehmen.

Noch problematischer verhält es sich mit der Licht- und Lärmempfindlichkeit. Unsere Welt ist ja heutzutage auch für weniger Sensible schon voller „nervender" Geräusche und voller aufdringlicher optischer Reize. Für hochsensible Kinder ist der Gang durch eine ganz normale städtische Straße vergleichbar mit dem Gang über einen Jahrmarkt für weniger Sensible: Überall blinkt und leuchtet es, von allen Seiten kommt laute Musik, dazu Stimmengewirr und Lachen.

Stellen Sie sich einmal vor, Sie müssten tagein, tagaus von morgens bis abends über einen Jahrmarkt gehen - dann können Sie recht gut nachempfinden, wie sich ein hochsensibles Kind fühlt.

Diesen Kindern fällt es schwer, bestimmte wichtige Geräusche zu filtern, dazu lässt ihnen das restliche Klanggewirr keine Möglichkeit. So „überhören" sie häufig Aufforderungen von Eltern, Erziehern oder Lehrern. Stellt der Kinderarzt keine Probleme am Hörvermögen fest, gelten hochsensible Kinder daher schnell als bockig, stur oder verträumt. Wenn Ihr Kind Sie wieder einmal nicht zu hören scheint, geben Sie ihm einen zusätzlichen sinnlichen Impuls, zum Beispiel indem Sie es am Arm oder der Schulter berühren. Vermutlich wird es Ihrem Kind nun besser gelingen, Ihre Stimme zu filtern und es wird Ihre Worte wahrnehmen.

In einer kürzlich durchgeführten Online-Befragung erklärten 81 Prozent der Teilnehmer, dass sie erst mit dem im Erwachsenenalter erworbenen Wissen über Hochsensibilität ihre Kindheit und Jugend besser verstehen und bewerten können. Im Umkehrschluss bedeutet das, dass diese Menschen all die Jahre bis zum Wissen um ihre Eigenschaft an ihre Jugend und Kindheit nicht unbelastet zurückdenken konnten, sondern diese Zeit für viele sogar als verstörend und belastend empfunden wird.

Nun muss man zugestehen, dass das Wissen um erhöhte Sensibilität vor einigen Jahren noch nicht verbreitet war. Fragt man jedoch Eltern hochsensibler Kinder nach ihren aktuellen Erfahrungen in Schulen oder Kitas, so wird deutlich, dass hochsensible Kinder auch heute noch genauso leiden wie die Generationen vor ihnen. Vielleicht leiden sie sogar mehr, denn der Erfolgsdruck, der heutzutage bereits auf kleinen und sogar kleinsten Kindern lastet, ist enorm. Erschwerend kommt hinzu, dass unser heutiges Bildungssystem sehr stark auf eine normierte Entwicklung ausgerichtet ist und -allen politischen Beteuerungen zum Trotz-Individualität in diesem Bildungssystem stört.

Eine Frage gesellschaftlicher Relevanz

Damit stellt sich zwangsläufig eine Frage von wahrhaft gesellschaftlicher Relevanz:

Können und wollen wir es uns erlauben (gerade vor dem Hintergrund des demografischen Wandels, der unsere Wirtschaft in einigen Jahren mit voller Wucht treffen wird), fünfzehn bis zwanzig Prozent der Kinder nicht ihren Fähigkeiten und Neigungen gemäß zu fördern?

Erinnerungen hochsensibler Erwachsener an die Kindheit

In der bereits erwähnten Online-Umfrage berichteten die heutigen erwachsenen Hochsensiblen, wie sie ihre Kindheit und Jugend empfunden haben - und diese Empfindungen sollten uns nachdenklich stimmen. Vor allem sollten sie Mahnung sein, für die heutige Generation ein positiveres Umfeld zu schaffen.

Aussagen hochsensibler Erwachsener: „In meiner Kindheit und Jugend hat mich gestört, beziehungsweise belastet…"

- „Lärm allgemein und die Tatsache, dass es andere nicht so gestört hat. Dieses ‚Anderssein' und nicht zu wissen, warum… Und warum es offensichtlich nicht gut war, so anders zu sein… Mobbing und auch Einsamkeit…"

- „Die Intoleranz der Kinder und Erwachsenen… die mich nie verstanden haben."

- „Dass ich mich als eine Gefangene fühlte in meiner inneren Welt."

- „Ich habe mich einfach ‚falsch' gefühlt."

- „Die ständigen Hinweise, dass ich nicht so empfindlich sein soll, mich zusammenreißen soll. Die Hinweise darauf, dass ein dickes Fell notwendig ist, weil das Leben hart sei... Ich wollte nicht erwachsen werden, hatte das Gefühl, verkehrt zu sein, etwas grundlegend falsch zu machen, peinlich zu sein."

- „Dass ich nicht verstanden wurde, bzw. Dinge wahrgenommen habe, die für mich logisch waren, für andere hingegen nicht."

- „Kein Selbstwertgefühl und das Gefühl, nicht verstanden und nicht geliebt zu werden."

- „Das Alleinsein!"

- „Die Welt nicht zu verstehen, mich dümmer zu fühlen (weil ich anders wahrnehme), nicht dazu zu gehören (weil ich anders wahrnehme und denke), nicht ‚normal' zu sein."

- „Dass andere Kinder eben nicht so waren und man direkt auffiel, wenn man sich nicht wie sie verhielt. Man zieht halt das Interesse von Betreuern und Lehrern auf sich und manchmal ist das eher schlecht. Ich wurde zum Beispiel von meiner Klassenlehrerin als autistisch eingestuft und ständig beobachtet. Oft versuchten Lehrer, einen dann aus der Reserve zu locken, indem sie einen absichtlich in Situationen brachten, von denen sie wussten, dass sie für mich sehr unangenehm waren, quasi um mich im wahrsten Sinne des Wortes zu desensibilisieren. Sicherlich meinten sie es gut und wollten mir helfen, weniger zurückhaltend zu sein. Aber hilfreich war das trotzdem nicht."

- „Ich hab mich nie etwas getraut und hatte immer das Gefühl, nicht gut genug zu sein. Auch fühlte ich mich nie ernst genommen. Ich fühlte mich in der Schule überfordert in Fächern wie Mathematik oder Chemie. Ich hatte wahnsinnige Angst vor Klassenarbeiten und hab sie meistens vergeigt."

- „Dass alles, was ich benötigte, nur daran gemessen wurde, was die anderen Kinder brauchen."

- „Das Gefühl alleine zu sein, sich immer als Außenseiter zu fühlen und immer und immer wieder daran zu scheitern, Kontakt zu ‚normal Fühlenden' zu bekommen."

- „Dass ich mich oft schlecht und nutzlos fühlte."

- „Hänseleien! Und der Druck, mit anderen Kindern spielen zu müssen."

- „Die Diskrepanz zwischen dem, was ich fühlte und sah und dem, was mir versichert wurde, konnte ich kaum aushalten beziehungsweise verstehen (also wenn zum Beispiel ein Erwachsener so tat, als sei er fröhlich / ehrlich / nett und ich innerlich völlig konträre Empfindungen wahrnahm.)"

- „Mobbing in der Schule!"

- „Dass man mir nie zugehört oder geglaubt hat und mich aufgrund meiner sensiblen Seite nicht ernst genommen, sondern nur belächelt hat."

- „Das Gefühl der Unverstandenheit."

Spätestens beim Lesen dieser Beispiele sollte deutlich geworden sein, warum es so wichtig ist, der hochsensiblen Kinderseele mehr Aufmerksamkeit zu schenken.

Ängste und Sorgen in der Kindheit belasten - ein Leben lang

Viele der Befragten geben an, auch heute noch unter den Nachwirkungen ihrer Kindheit und Jugend zu leiden, wenngleich mit dem Wissen um die Hochsensibilität erstmals eine gewisse Erleichterung eintritt, da man sich nun zumindest mit seinen Erfahrungen nicht mehr so alleine fühlt und außerdem endlich Erklärungen für zum Teil lange zurückliegende Ereignisse findet.

Der Anfang, den hochsensiblen Kindern von heute zu helfen, ist leicht gemacht. Die überwältigende Mehrheit der Befragten nannte auf die Frage, was sie sich in ihrer Kindheit und Jugend von Eltern, Lehrern und Freunden am allermeisten gewünscht hätte (beziehungsweise was ihnen am meisten gefehlt hat) immer wieder nur ein Wort: *Verständnis!*

Diesen Wunsch zu erfüllen, sollte uns Erwachsenen keine allzu großen Schwierigkeiten bereiten (egal ob in der Rolle als Eltern, Erzieher oder Lehrer). Alles, was es dafür braucht, ist das Wissen um die Besonderheiten hochsensibler Kinder.

Sobald man sich mit ihrer faszinierenden Welt auseinandersetzt, wird einem bewusst, dass unsere Welt von heute diese Kinder braucht - und zwar mehr als je zuvor!

Hochsensibilität hat gute Gründe

Inzwischen gilt es als erwiesen, dass auch bei über einhundert verschiedenen Tierarten fünfzehn bis zwanzig Prozent der Tiere eine erhöhte Sensibilität aufweisen. Da in der Natur (oder wenn Sie religiös sind: in der Schöpfung) nichts ohne einen Sinn geschieht, darf man sich die Frage stellen, was wohl der Grund für dieses Phänomen sein könnte.

Eine mögliche Erklärung: Durch ihre besondere Sensibilität können diese Tiere Gefahren früher erkennen und so ihre Herde rechtzeitig warnen.

Schaut man sich unsere heutige Welt an, ist offensichtlich, dass wir Menschen sie in einen recht besorgniserregenden Zustand manövriert haben. Für einen kurzen Moment des Shareholder-Values betreiben wir gnadenlosen Raubbau an der Natur, an Tieren und nicht zuletzt an uns Menschen selbst. Dafür jagen zwar die Aktienkurse von Rekordhoch zu Rekordhoch und einer kleinen (vermutlich wenig sensiblen) Minderheit geht es materiell ausgesprochen gut, aber der Preis, den die Allgemeinheit dafür zahlt, ist gewaltig.

Wie würden Politik und Wirtschaft aussehen, wenn mehr hochsensible Menschen in verantwortungsvollen Positionen säßen? Mit Sicherheit ganz anders, denn sie besitzen die Fähigkeit, generationenübergreifend zu denken. Es gibt sie ja auch vereinzelt, die verantwortungsbewussten Politiker und Unternehmer, die wirklich aus innerer Überzeugung vorausschauend handeln und nicht nur das nächste Wahl- oder Quartalsergebnis im Blick haben. Noch sind es nur einige wenige, doch diese besonderen Menschen in Verantwortung lenken behutsam und vorausschauend!

Man kann also getrost davon ausgehen, dass die erhöhte Sensibilität auch beim Menschen durchaus einen Sinn hat. Schaut man einmal in die Bibel, bestätigt sich diese Einschätzung, denn bereits dort finden sich positive Beispiele für die Taten offensichtlich hochsensibler Menschen. Und so braucht die Welt auch heute und in Zukunft diese intensivere

Herangehensweise an Probleme und das für Hochsensible typische vernetzte Denken.

Anstatt diese Eigenschaften in der Kita oder der Schule zu unterdrücken, weil sie nicht der Norm entsprechen, sollten sie dringend gestärkt und gefördert werden.

Hochsensibilität erkennen

Dafür ist es jedoch notwendig, die hochsensiblen Kinder erst einmal als solche zu erkennen und wahrzunehmen. Wie bereits erwähnt, gibt es nicht *das* typische Anzeichen. Aber wenn man Kindern begegnet, bei denen die nachfolgend aufgeführten Eigenschaften und Verhaltensweisen in mehr als drei Aspekten wahrzunehmen sind, dann kann man mit hoher Sicherheit davon ausgehen, dass es sich um ein hochsensibles Kind handelt.

Fast alle haben eine zum Teil **deutlich erhöhte sinnliche Wahrnehmung**, die jedoch von Kind zu Kind unterschiedlich ausgeprägt ist. Häufig ist der Hörsinn und / oder der Tastsinn besonders ausgeprägt, mitunter auch die Sehnerven. Der Geschmackssinn scheint ebenfalls häufig stark ausgeprägt zu sein, denn hochsensible Kinder sind oft extrem wählerisch und „mäkelig", was das Essen angeht. Dies kann zum Teil extreme Züge annehmen. Von einem stark ausgeprägten Geruchssinn wird ebenfalls berichtet

Jedoch insbesondere die ausgeprägte Geräuschempfindlichkeit wird in der Kita oder Schule oft zum Problem, denn der dort herrschende Lärmpegel ist für die betroffenen Kinder kaum auszuhalten.

Hochsensible haben eine **ausgeprägte Fantasie** und erzählen Geschichten oft in einer unglaublichen Detailfülle. Das macht es mitunter problematisch, bei ihnen Dichtung und Wahrheit auseinanderzuhalten, denn ihre Geschichten werden oftmals mit einer hohen Emotionalität und sehr bildhafter Sprache erzählt. Weniger sensible Gleichaltrige sind davon mitunter überfordert und reagieren irritiert oder mit Ausgrenzung.

Hochsensible Kinder haben häufig sehr **weitreichende Gedankengänge**, d.h. sie denken einerseits recht verschlungen und über „Umwege“, wägen andererseits verschiedenste Aspekte ab und denken zum Teil sehr weit im Voraus. Durch diese „gründliche“ Art zu denken, brauchen sie länger zur Entscheidungsfindung und wirken dadurch mitunter unentschlossen oder wenig entscheidungsfreudig.

Die Crux daran: Gerade in den ersten Schuljahren ist den Kindern noch nicht bewusst, dass sie viel intensiver denken als ihre Altersgenossen. Durch das so erzeugte Gefühl, langsamer zu sein, kapseln sie sich mitunter ab, oder sie kompensieren im Gegenteil ihre Unzufriedenheit durch auffälliges Verhalten (zum Beispiel als Klassenkasper).

Viele dieser Kinder neigen zu einer **deutlich erhöhten Schmerzempfindlichkeit**, die man auf keinen Fall leichtfertig abtun sollte. Sie leiden *wirklich* an ihrem Schmerz und mit Aussagen wie *„Stell dich nicht so an“* tut man ihnen massiv unrecht. Diese Kinder spüren Schmerz also stärker und ausgeprägter, andererseits reagieren sie häufig aber auch sehr schnell und intensiv auf Medikamente. Daher ist bei der Dosierung Vorsicht geboten. Bei hochsensiblen Erwachsenen wird sehr häufig auch von einer deutlich heftigeren Wirkung von Kaffee, Nikotin oder Alkohol berichtet.

Mit ihrer **detailreichen und intensiven Wahrnehmung** entdecken sie kleinste Feinheiten, erspüren aber auch mit ihrer **hohen Empathie** die Stimmungen ihrer Mitmenschen oft erstaunlich präzise. Mitunter sind hochsensible Kinder geradezu kleine Lügendetektoren auf zwei Beinen. Nicht selten übertragen sich Stimmungen von Mitmenschen auf sie. Das heißt: Fühlt sich beispielsweise ein Klassenkamerad oder ein Elternteil schlecht, geht es ihnen ebenfalls schlecht. Dies führt leicht zu einer emotionalen Überlastung, so dass sich die hochsensiblen Kinder instinktiv abkapseln, um sich zumindest eine gewisse innere Ruhe zu erhalten. Zu Unrecht werden sie dadurch oftmals als schüchtern, kontaktscheu oder gar autistisch beschrieben. Wachsen solche Kinder in problematischen Familienverhältnissen auf, entwickelt sich das Erspüren von Stimmungen und Emotionen möglicherweise oft besonders stark, da es den Kindern als Schutz (z.B. vor einem gewalttätigen Elternteil) dient.

Mit ihrer **hohen und schnellen Begeisterungsfähigkeit** haben insbesondere die Scanner-Persönlichkeiten sehr vielseitige Interessen. Ihre unbändige Neugier veranlasst sie, viele Fragen zum eigentlichen Thema, aber auch zu anderen Themenkomplexen zu stellen, was gerade im durchstrukturierten Schulalltag nicht immer erwünscht ist.

Das permanente Interesse an immer wieder neuen Dingen wirkt auf Außenstehende oftmals eher oberflächlich und unstet, tatsächlich ist das Interesse echt und tief, aber auch eben relativ schnell gestillt. Wenn sich diese Kinder dann neuen Themen zuwenden, heißt das jedoch keineswegs, dass die bislang Erarbeiteten vergessen sind.

Viele Hochsensible verfügen über ein exzellent **ausgeprägtes Langzeitgedächtnis**, im Gegensatz zum Kurzzeitgedächtnis, das insbesondere bei Scanner-Kindern häufig nur mäßig bis normal entwickelt zu sein scheint (vermutlich, da ständig „Platz" für Neues geschaffen werden muss). In unserem Schulsystem, in dem spätestens mit Ende der Grundschule fast ausschließlich Lerninhalte vermittelt werden, die eher im Kurzzeitgedächtnis gespeichert werden, führt das zu entsprechend schlechten Zeugnissen.

Umstritten ist, ob das **ausgeprägte intuitive Denken** darauf hinweist, dass bei vielen Hochsensiblen die rechte Gehirnhälfte überdurchschnittlich aktiv ist. Die linke („rationale“) Gehirnhälfte dagegen scheint demnach weniger dominant zu sein, denn trotz ihrer meist hohen Intelligenz haben Hochsensible in logischen Fächern wie Mathematik, Chemie oder Physik oftmals (aber keineswegs immer) Schwierigkeiten.

Wissenschaftlich bestätigt ist das jedoch bislang nicht. Auch ein genereller Zusammenhang zwischen der Händigkeit und Hochsensibilität ist bislang nicht bestätigt, obwohl bei Linkshändern die rechte Gehirnhälfte ebenfalls dominant ist.

Nicht nur die Empathie gegenüber anderen ist stark ausgeprägt, allgemein haben Erlebnisse einen recht **langen emotionalen „Nachklang“**. Die Natur, Kunstwerke oder auch Musik erleben Hochsensible in einer unglaublichen Tiefe und mit großer emotionaler Wucht.

Auch dadurch wird insbesondere ab dem Teenager-Alter leicht ein gewisser Status als Außenseiter manifestiert, da gerade für sensible Jungen die Freizeit- und Medieninteressen ihrer Altersgenossen emotional kaum zu ertragen sind (z.B. Horrorfilme oder Gewaltspiele). Diese starke emotionale Reaktion sollte aber keineswegs mit einer übermäßigen Ängstlichkeit verwechselt werden, denn bei hochsensiblen Menschen wirken positive wie negative Emotionen gleichermaßen quasi potenziert.

Der **ausgeprägte Gerechtigkeitssinn** und ein **starkes Bedürfnis nach Harmonie** machen es für Hochsensible oftmals nur schwer möglich, sich in größeren Gruppen wohlzufühlen, denn das dort allgegenwärtige Konfliktpotential belastet sie stark. In der Folge suchen sie in der Kita oder auf dem Pausenhof eher Spiele für sich alleine oder mit wenigen Freunden.

Ein gewisser Drang zum **Perfektionismus** wird gerade in Verbindung mit ihrer Gewissenhaftigkeit für hochsensible Kinder in der Schule zur Belastung, weil sie trotz ihrer Intelligenz dadurch nicht so schnell sind wie andere Kinder. Auch das kann wiederum in der Folge wieder zu Rückzugshandlungen oder gar einer Verweigerungshaltung führen.

Gelegentlich wird auch ein **Zusammenhang zwischen Hochbegabung und Hochsensibilität** diskutiert, allerdings wurde dieser bislang nicht eindeutig nachgewiesen.

Vermutlich ist ein hoher Anteil der Hochbegabten auch hochsensibel, was aber nicht automatisch auch umgekehrt gelten wird. Eine generelle Kopplung dieser beiden Eigenschaften erscheint schon aus statistischen Gründen fraglich. Man geht heute von nur etwa zwei bis drei Prozent an Hochbegabten (bezogen auf die Gesamtbevölkerung) aus.

Da der Anteil der Hochsensiblen aber bei fünfzehn bis zwanzig Prozent liegt, dürfte hier kein genereller Zusammenhang bestehen.

Zusammenfassend lässt sich sagen:

Hochsensible Kinder nehmen Eindrücke und Emotionen deutlich intensiver wahr und verarbeiten diese aufgrund ihrer komplexen Art zu denken auch noch intensiver.

Dadurch ist ihr Kopf ständig „voll", oder wie mein Sohn es einmal formulierte: *„Kannst Du einen Moment mal gar nichts sagen? Mein Gehirn läuft gerade über!"* Von außen betrachtet wirken ironischerweise jedoch gerade diese geistig hochaktiven Kinder oft antriebs- und lustlos. Um sich selbst vor zu vielen Eindrücken und den damit einhergehenden Verarbeitungs-prozessen etwas zu schützen, spielen viele lieber alleine und auch eher stille Spiele.

Man tut diesen Kindern dementsprechend überhaupt keinen Gefallen, wenn man sie in Gruppen-aktivitäten drängt, damit sie Anschluss finden. Im Gegenteil, das Kind hätte noch einen Ort mehr, durch den es belastet wird.

Krankheiten als Folge von Hochsensibilität

Setzt man ein hochsensibles Kind dauerhaft mit Worten oder durch erzwungene Aktivitäten unter Druck, kann dies fatale psychische und physische Folgen haben. Gleiches gilt, wenn die Hochsensibilität von Eltern und Lehrern nicht ernst genommen oder gar lächerlich gemacht wird.

Hochsensible Kinder neigen in solchen Fällen zur Gereiztheit, zu Ängsten (die sich durchaus zu panikartigen Zuständen steigern können), zu Denk-, Konzentrations- und Schlafstörungen, Burn-Out oder Depressionen.

Als körperliche Begleiterscheinungen werden unter anderem auch Allergien, Erkrankungen des Bewegungsapparates, chronische Magen-Darm-Erkrankungen, Bluthochdruck, Neurodermitis, chronische Muskelverspannungen aber auch (allergisches) Asthma und generell ein geschwächtes Immunsystem mit einer erhöhten Infektionsneigung als Folge des Dauerstresses genannt.

Viele hochsensible Erwachsene befinden sich heute auch deshalb in Therapien, weil sie noch immer unter den Folgen ihrer Kindheit und Jugend leiden. Dieses Leid sollten wir künftigen Generationen ersparen.

Auch wenn Hochsensibilität keine Erkrankung oder Störung ist, so erfordert sie doch einen respektvollen, achtsamen und bewussten Umgang - ganz besonders dann, wenn es sich bei der hochsensiblen Person um ein Kind oder einen Jugendlichen handelt. Die in den letzten Jahren und Jahrzehnten immer schneller und immer stärker gestiegene Reizdichte verstärkt die Notwendigkeit eines solchen Umgangs noch einmal ganz erheblich. Besonders ist darauf zu achten, dass Hochsensible nicht bereits als Kinder und Jugendliche unnötigen Therapien ausgesetzt werden, da sie aufgrund einer oberflächlichen Diagnose fälschlicherweise als „krank“ angesehen werden.

Was tun, wenn...

Hochsensible Kinder fallen in ihrer Andersartigkeit auf. Dies gilt insbesondere in der Kita oder Schule. Erzieher und Lehrer können oft schon aufgrund der Personalstärke nicht auf jedes Kind individuell eingehen. So wird den Eltern häufig geraten, mit ihrem Kind beim Kinder- und Jugendpsychiater vorstellig zu werden.

Für viele Eltern ist dies ein Schock, andere wiederum empfinden eine solche Hoffnung auf eine „echte“ Diagnose geradezu als Befreiung. Einerseits ist eine solche Erleichterung der Eltern ebenso nachzuvollziehen wie das Drängen von Lehrern und Erziehern auf eine psychiatrische Untersuchung.

Andererseits leidet das Kind enorm, wenn es von ärztlicher Seite attestiert bekommt, psychisch krank oder gestört zu sein. Von den Langzeitfolgen eventuell verordneter Psychopharmaka ganz zu schweigen. So lange der Verdacht einer tatsächlichen Erkrankung oder Störung nicht zweifelsfrei geklärt ist, braucht es viel elterliche Liebe und Achtsamkeit - und die Stärke sich selbst und Dritten gegenüber, das Kind davor zu schützen, „krank geredet” zu werden.

Wenn bei Ihrem Kind AD(H)S diagnostiziert wird, so gilt es zunächst, diese Diagnose genau zu prüfen.

Tatsächlich gibt es zwischen ADS / ADHS und Hochsensibilität mit einer „erhöhten Reizoffenheit“ ein zentrales gemeinsames Merkmal. Es ist nur menschlich, dass Ärzte für alle Befindlichkeiten nach Erklärungen suchen, die sich in ihren Diagnoseschlüssen finden.

Schaut man nicht genauer hin, weisen hochsensible Kinder häufig dann AD(H)S-ähnliche Symptome wie Unruhe, leichte Ablenkbarkeit oder Hyperaktivität auf, wenn sie durch akuten Stress neuronal überlastet oder durch andere Ursachen traumatisiert sind.

Jedoch gibt es einen sehr großen Unterschied: AD(H)S-Kindern fällt die Konzentration sehr häufig oder nahezu immer schwer. Das heißt, auch in einem ruhigen Umfeld kann sich ein solches Kind nur schwer konzentrieren - selbst dann nicht, wenn es dies gerne würde. Im Unterschied dazu können sich hochsensible Kinder unter für sie optimalen Umständen (gewohnte Umgebung, Ruhe) sogar ganz hervorragend stundenlang in ihre Spiele oder Aufgaben vertiefen. Ist dies bei ihrem Kind der Fall, sollten Sie ihre Zweifel a der AD(H)S-Diagnose äußern.

Auch bei der zum Autismus zählenden Asperger-Störung gibt es gewisse Parallelen zu hochsensiblen Kindern, wobei hier die Grenzen durchaus fließend sind. In den USA heißt diese Störung auch „Wrong-Planet-Syndrome“, weil sich Asperger-Autisten häufig wie Fremde auf diesem Planeten fühlen. Und genau dieses Gefühl teilen sie mit vielen Hochsensiblen. Asperger-Autisten sind jedoch nicht in der Lage, überhaupt mit ihren Mitmenschen auf die übliche Wiese zu kommunizieren. Damit tun sich zwar auch viele Hochsensible schwer, allerdings zumeist nur in größeren Gruppen (z.B. Kita, Schulklasse) oder bei unbekannten Menschen. Im vertrauten Kreis dagegen kommunizieren sie sogar ausgesprochen gern und vielfältig.

Hochsensible Personen nehmen außerdem einen hohen emotionalen Anteil am Schicksal ihrer Mitmenschen, oft auch gut sichtbar durch eine entsprechende Mimik. Dies wiederum ist bei Asperger-Autisten nicht der Fall. Auch wenn hochsensible Menschen sehr unter der Flut der zu verarbeitenden Reize leiden, gelingt es ihnen in aller Regel dennoch einigermaßen gut, sie zu verarbeiten, was wiederum im Falle einer Asperger-Störung nicht so ist.

Wenn Sie sich unsicher sind, machen Sie auf einer der entsprechenden Internetseiten einen Asperger-Test. Gleichen Sie die Ergebnisse mit dem Test zur Hochsensibilität auf Gemeinsamkeiten und Abgrenzungen ab.

Besteht Unklarheit, ist selbstverständlich fachlicher Rat nötig.

Je besser Sie ihr Kind beobachten und je genauer Sie die Entwicklungsschritte beschreiben können, umso sicherer ist eine mögliche Diagnose.

4 LAURA, DREIEINHALB, HOCHSENSIBEL

„Ich habe eine dreieinhalbjährige Tochter", erzählt die heute 36 jährige **Sabine** aus Rheinland-Pfalz. *„Und ich habe unter anderem deswegen nur ein Kind, weil Laura so ist, wie sie ist!"* Erklärend fügt sie hinzu: *„Ich empfinde sie überhaupt nicht als negativ, aber mit ihr ist es einfach unglaublich anstrengend!"*

Sie bemerkte schon kurz nach der Geburt ihrer Tochter, dass sich die Kleine zum Teil deutlich anders als andere Kinder verhält: *„Beim Rückbildungskurs lagen fünf Kinder ganz friedlich vorne, nur mit Laura hatte ich keine Chance. Sie brauchte ständig körperliche Nähe."*

Außerdem war Laura schon als Baby deutlich empfindlicher als andere: *„Das Essen durfte -ebenso wie das Badewasser- nie mehr als 30, 32 Grad haben. Auch kratzende Stoffe waren ganz oft ein Thema. Manchmal hat Laura geweint und ich wusste nicht warum. Dann habe ich* *sie komplett umgezogen und plötzlich war sie wieder ruhig. Da wird irgendeine Naht oder ein Knopf gekratzt haben... Außerdem ist sie sehr geräuschempfindlich - Spielsachen, die Geräusche machen, mag sie überhaupt nicht. Spielzeug darf also bei uns nicht dudeln, tröten oder pfeifen.“*

Auch der für Hochsensible typische Perfektionismus zeigt sich bereits sehr früh. Mit dreizehn Monaten fängt Laura an zu laufen. Ihre Mutter erklärt: *„Dann ist sie zweimal hingefallen und hat daraufhin das Laufen für drei Monate komplett eingestellt. Sie ist eben eine kleine Perfektionistin: Wenn sie etwas macht und merkt, dass es nicht klappt, dann legt sie es in die Ecke. Nach einigen Monaten versucht sie es irgendwann nochmal. Wenn es dann klappt, ist es gut. Wenn nicht, lässt sie es komplett sein.“*

Auch beim Essen ist Laura auffällig: *„Wehe, die Leberwurst ist mal eine andere Sorte, dann isst sie das nicht. Genauso ist es mit Brot. Sie schmeckt die Unterschiede sofort.“*

Und so ist es kein Wunder, dass in der Kita der Verdacht aufkommt, Laura könnte autistische Züge oder ADS haben. Doch diese leichtfertigen Diagnosen nahm Sabine nicht hin: *„Was würde man denn von einem Arzt halten, zu dem man mit Bauchschmerzen geht und der einen kurz anschaut und dann Darmkrebs diagnostiziert. Natürlich könnte das eine mögliche Ursache für die Bauchschmerzen sein, aber es gibt eine unglaubliche Vielzahl an anderen Ursachen. Man kann doch nicht von einem einzelnen Punkt eine komplexe Diagnose stellen. Das ist schon ganz schön dreist.“*

Sabine machte sich die Mühe, ganz genau hinzuschauen und dokumentierte die Entwicklungsschritte des Mädchens. So entstand ein spannendes Dokument, in dem viele Eltern hochsensibler Kinder stellenweise ihren eigenen Nachwuchs wiedererkennen dürften (auch wenn sich Hochsensibilität -wie ja bereits erwähnt- auf vielfältige Weise äußert). Bereits in den ersten Monaten zeigen sich Besonderheiten:

- Man konnte Laura nicht „einfach mal ablegen“, dann wurde sie gleich unruhig.
- Sie ist unzufrieden ohne Körperkontakt.
- Nachts musste man zwar nahe bei ihr sein, direkter körperlicher Kontakt hat sie allerdings sofort geweckt.
- Laura ist jede Nacht mehrfach wach.
- Generell hat Laura ein sehr schlechtes Schlafverhalten, schon leiseste Geräusche wecken sie auf.
- Sie hat sich immer alles erst sehr genau angesehen, bevor sie es angefasst hat.
- Es wurde nur eine einzige Sorte Schnuller akzeptiert, eine Umgewöhnung war unmöglich.
- Laura war von allem schnell gelangweilt.
- Sie brauchte schon immer viel „Input“.
- Spielzeug mit Musik oder mit anderen Tönen wurde von Laura konsequent abgelehnt.
- Heute noch ist sie sehr temperaturempfindlich: Als Baby durfte weder die

Milchflasche noch das Badewasser mehr als 30-32 Grad haben.

- Kleidung mit Knöpfen, dickeren Nähten, etc. bereitete ihr „Schmerzen“

Mit ziemlich genau einem halben Jahr veränderte Laura ihr Verhalten in vielen Dingen stark:

- Geschlafen wurde nur noch im dunklen, stillen Zimmer (weder im Auto, noch unterwegs war sie zum Schlafen zu bringen).
- War die Familie an einem Ort, an dem viel Trubel herrschte, reagierte Laura schnell gestresst (was auch heute noch so ist).
- Sie ist sehr lärmempfindlich und zeigt große Angst bei lauteren Geräuschen, wie Rasenmähern, etc.
- Sie war immer sehr vorsichtig und zurückhaltend bei Neuem, hat alles immer genau beobachtet, bevor sie sich näherte.
- Laura ist nie unbekümmert an etwas herangegangen.
- Sie hat niemals Dinge zerstört, die sie mit ihren Eltern gebaut hat (zum Beispiel Bauklotz-Türme). Im Gegenteil, es war immer eine richtige Tragödie für sie, wenn etwas kaputt ging.
- Regeln und Rituale sind ihr sehr wichtig.
- Sie hat sehr lange stark gefremdelt.

- Essen ist ein leidiges Thema: Es ist fast unmöglich, das Kind zum Probieren von etwas Neuem zu überreden. Da helfen auch keine Tricks. Dennoch probiert Laura alle paar Wochen von sich aus mal etwas Neues.
- Sie schmeckt feinste Unterschiede und verweigert so zum Beispiel die Wurst, wenn sie vom „falschen“ Metzger kommt.
- Im Kindergarten fällt sie auf, weil sie sich von der größeren Gruppe eher abschottet. Laute, aufdringliche Kinder mag sie nicht.
- Für sie sind kleine Gruppen von drei bis fünf Kindern optimal.
- Sie hat einen sehr hohen Bewegungsdrang.
- Sie kann sich lange mit einem ruhigen Spiel beschäftigen (Puzzle, Perlen fädeln, etc.).
- Schrille, laute Musik (auch im Kindergarten das laute Gedudel aus einem knarzigen Player) verträgt Laura gar nicht.
- Sie hat einen „Ordnungsfimmel“: Es muss einfach alles an seinem Platz sein.
- Sie merkt sich... alles! Egal, ob man Tage vorher etwas beiläufig erwähnt hat oder ihr eine kleine Veränderung an irgendwas auffällt.
- Auch sonst ist sie eine Perfektionistin. Ein Soßenklecks auf dem Tisch, eine nasse Stelle an der Hose von der Pfütze draußen: All das ist für die kleine Laura dramatisch, quasi ein kleiner Weltuntergang und muss sofort wieder „repariert“ werden.

- Körperpflege wie Baden, Haare und Nägel schneiden ist die Hölle! Eincremen ist auch ein großes Problem.
- Alles, was auch nur eine gewisse Ähnlichkeit mit einer Arztpraxis hat, wird mit einer Panikattacke begrüßt, obwohl sie nie etwas Schlechtes beim Arzt erlebt hat. Aber allein der „Druck“ und der „Zwang“ beim Arzt verursachen Panik.

Sabine ist glücklich mit Ihrer kleinen, besonderen Tochter: *„Hochsensibilität ist ja keine Krankheit. Es ist nicht so, dass dir ein Arzt sagen kann ‚wir machen jetzt einige Therapiestunden und dann ist das weg‘. Aber das will ich ja auch gar nicht, denn ich finde es toll, wie sie ist.“*

5 ERFAHRUNGEN AUS DEM ALLTAG

Die 31jährige **Kira** aus Hessen hat bereits sehr früh gemerkt, dass ihr heute zweijähriger Sohn Janne „anders“ ist als andere Kinder: *„Ganz im Gegensatz zu anderen Müttern, die sozusagen ganz pflegeleichte „Anfängerbabys“ hatten, war mein Sohn von Anfang an sehr fordernd, war viel wach und wollte viel Bespaßung.*

Auch die Hebamme hat mein Baby schon kurz nach der Geburt als ‚anders‘ bezeichnet, was schon zutrifft – obwohl ich dieses Wort ‚anders‘ überhaupt nicht mag. Ich habe Jannes Anderssein zwar nie als negativ empfunden, aber ich habe mir natürlich Gedanken gemacht, wie ich ihn später mal unterstützen kann.“

Als Kira vom Wesenszug der Hochsensibilität erfuhr, war das für sie eine große Erleichterung. *„Ich bin vor kurzem zufällig über einen Artikel über dieses Thema gestolpert, in dem zehn Merkmale von hochsensiblen*

Kindern beschrieben waren. Ich habe ihn beim Lesen sofort wieder erkannt und dachte: Jawohl, das ist mein Sohn!"

Heute äußert sich die Hochsensibilität von Janne insbesondere dadurch, dass er immer noch sehr stark die körperliche Nähe zu seinen Eltern sucht, insbesondere in fremder Umgebung oder wenn zu Hause Besuch kommt.

Auch auf dem Spielplatz tut er sich sehr schwer im Kontakt mit anderen Kindern: *„Ein Schlüsselerlebnis für mich war neulich eine Szene auf dem Spielplatz: Janne wollte rutschten. Es waren viele andere Kinder dort, und so stand er bestimmt zehn Minuten neben der Rutsche und ließ alle anderen Kinder vorbei. Irgendwann fing er dann an zu weinen. Und solche Situationen treten eben öfter auf.*

So steht er sich selbst im Weg: Er möchte gerne etwas, aber er traut sich einfach nicht. Er hat zwar ein, zwei Kinder, mit denen er spielt, aber auch mit denen braucht er jedes Mal eine Anlaufphase."

Dabei handelt es sich um Kinder, die Jannes Mutter nicht als hochsensibel bezeichnen würde: *„In ihrer ganzen Art und in ihrem Wesen sind diese Kinder weniger sensibel, aber mit der Nachbarstochter spielen wir jetzt öfter, weil die zwei sich einfach sehr gut verstehen. Die akzeptiert es voll und ganz, wenn er etwas nicht möchte. Ein anderer Junge, mit dem wir spielen, versteht es hingegen nicht, dass Janne seine Zeit zum Auftauen braucht. Der ist dann schnell eingeschnappt."*

Ob Janne über eine erhöhte Schmerzempfindlichkeit verfügt, lässt sich noch nicht eindeutig feststellen, erzählt seine Mutter: *„Ein großes Thema ist* *der Friseur: Haareschneiden scheint tatsächlich weh zu tun. Und da ist es auch völlig egal, ob ich das mache oder die Oma - das ist jedes Mal ein riesiges Drama. Die Schmerzempfindlichkeit bei ihm ist schwer zu erklären. Manchmal sind es Kleinigkeiten, die heftig weh zu tun scheinen, da schreit er wie am Spieß. Andererseits fällt er irgendwo runter, wo man wirklich denkt, dass er davon Schmerzen haben müsste... und da ist dann wiederum gar nichts.“*

Wie viele hochsensible Kinder, kann auch Janne sich stundenlang mit kreativen Dingen beschäftigen: *„Er malt sehr gerne oder klimpert auf seinem Minikeyboard herum. Draußen ist es auch interessant: Andere Kinder sitzen in der Sandkiste und spielen, mein Sohn befasst sich mit dem kompletten Garten, will Blümchen begießen – ich möchte behaupten, dass das schon ein wenig anders ist... diese Naturverbundenheit.*

Das zeigt sich auch im Umgang mit Tieren. Ich finde es faszinierend, dass sich mein kleiner Sohn vor mein großes Pferd stellt und ihm sagt, wo es hinzugehen hat. Wir haben auch noch ein Meerschweinchen, um das mein Sohn sich ‚kümmert‘. Er weiß genau, das es zart und zerbrechlich ist, im Gegensatz zu unserem Hund, mit dem er viel ruppiger spielt. Das heißt: Janne weiß genau, mit wem er was machen kann.“

Auf die Frage, ob Kira in ihrer Rolle als Mutter die Hochsensibilität ihres Sohnes als belastend empfindet, antwortet sie diplomatisch: *„Ich habe gelernt, damit zu* *leben, darf ich es so umschreiben? Ich weiß, dass mein Kind besonders ist und höhere Ansprüche als andere Kinder hat. Ich versuche, nicht gegen ihn zu arbeiten oder ihm etwas aufzuzwingen, sondern ich richte mich nach seinen Bedürfnissen. Natürlich bekommt man auch immer wieder gut gemeinte Hinweise wie ‚Du verziehst das Kind'. Seine Tagesmutter, die immerhin schon zwanzig Jahre Erfahrung hat, geht ebenfalls sehr gut auf ihn ein. Aber im Bekanntenkreis überwiegen leider die anderen. Ich habe schon ein bisschen Magenschmerzen, wenn ich an die Kita denke.*

Ich habe Angst davor, dass ich von vornherein anecke, wenn ich den Erzieherinnen sage, dass mein Kind hochsensibel ist. Andererseits ist es vermutlich auch nicht gut, wenn man nichts sagt."

Auch **Daniela** aus Nordrhein-Westfalen hat mit ihrer Tochter Mathilda ganz ähnliche Erfahrungen gemacht: *„Mein Kind war von Anfang an ein 24-Stunden-Kind. Sie hat noch nie alleine schlafen können, in den ersten acht Wochen hat sie praktisch auf mir gewohnt. Es war also fast gar nicht möglich, sie mal abzulegen. Die körperliche Nähe braucht sie immer noch zum Einschlafen oder in Situationen, in denen sie unsicher ist.*

Außerdem waren ihr schon als Baby ein fester Tagesablauf und feste Bezugspersonen sehr wichtig. Enge Klamotten mag sie überhaupt nicht, selbst eine ganz normale Cordhose hat sie praktisch nie getragen. Sie sagte dann immer: ‚Aua, Bauch!' Sie mag keinen Lärm und ist eher schreckhaft."

Gerade bei ganz kleinen Kindern ist es oft schwer, festzustellen, was in ihnen vorgeht. Mit zunehmender Sprachentwicklung wird jedoch manches leichter: *„Anders als andere Kinder wird Mathilda nicht müde, wenn man mit ihr tagsüber viel unternimmt. Im Gegenteil: Durch die Reizüberflutung hat sie dann viel mehr zu verarbeiten. Jetzt sprechen wir abends über den Tag und über das, was wir erlebt haben. Seitdem klappt es mit dem Einschlafen und dem Durchschlafen schon besser. Manche Situationen beschäftigen sie tage- oder wochenlang, aber durch die Sprache wird es einfacher zu verstehen, was in ihr vorgeht."*

Wie viele andere Mütter hochsensibler Kinder leidet auch die 33 jährige unter den Kommentaren anderer Mütter: *„Auf dem Spielplatz steht meine Tochter lieber in einer ruhigen Ecke und beobachtet. Wenn dort viele andere Kinder sind, hat sie schon Spaß, aber sie spielt eben nicht selber. Da fragen andere Mütter natürlich: ‚Ist alles okay mit ihr?' oder ‚Hat dein Kind Spaß?' Auch wenn ich erzähle, wie unsere Nächte immer noch sind, kommen Kommentare wie: ‚Ach, die ist aber empfindlich!'"*

Schon jetzt bereitet Daniela ihre Tochter auf die Kita vor. *„Sie ist jetzt schon einmal pro Woche zur Spielgruppe, und der Kindergarten ist auf demselben Gelände. Ich versuche ihr zu erklären, dass sie dort bald hingeht. Da Bücher für sie sehr wichtig sind, schauen wir uns jetzt schon immer Bücher zu diesem Thema an. Sie will dann immer alles ganz genau erklärt haben. Ich erzähle ihr jetzt schon so viel darüber, weil ich weiß, dass sie mit neuen Situationen* *nicht gut umgehen kann. Sie mag ja andere Kinder, insofern hoffe ich, dass sie die Kita als positiv empfindet. Bei der Eingewöhnung lasse ich ihr aber auf jeden Fall so viel Zeit, wie sie braucht. Sie ist kein Kind, das sich leicht wieder beruhigen lässt, schon gar nicht von ungewohnten Personen.“*

Sorge bereitet der Mutter vor allem eines: *„Ich bin ja selber Erzieherin und habe vor allem Sorge, dass man sie vorschnell in eine bestimmte Schublade steckt. Ihr Großvater meinte neulich schon, dass sie in der Kita leicht als ADS-Kind abgestempelt werden könnte. Wenn man sich das Verhalten eines hochsensiblen Kindes anschaut, dann hat das ja schon auch gewisse autistische Züge: Dieses Regelmäßige, das immer Wiederkehrende und auch die Angst vor neuen Situationen. Das Wissen über Hochsensibilität ist eben noch nicht sehr verbreitet. Bis zum Mutterschutz habe ich selber als Tagesmutter gearbeitet und hatte dort einen Jungen, den ich im Rückblick auch als hochsensibel einstufen würde. Seine Mutter hat damals über ihn fast genau das Gleiche berichtet, was ich jetzt über meine Mathilda erzähle.“*

Die 33 jährige **Nina** ist selbst hochsensibel und hat noch heute intensive Erinnerungen an ihre eigene Kindheit und Jugend: *„Ich kann mich noch sehr genau an meine Anfangszeit im Kindergarten erinnern. Das war so schlimm für mich - das ganze Fremde! Es war laut, es war wuselig. Ich weiß noch genau, dass es für mich ganz schrecklich war, wie ich von meiner Mutter getrennt wurde und da jeden Vormittag drei Stunden aushalten musste.*

Von der Grundschule erinnere ich noch, dass ich bei sportlichen Aktivitäten nicht mitmachen konnte. Ich war sehr ängstlich und auch schon immer eher der Außenseiter. Ich war ruhig und habe gern gelesen. In der Teenager-Zeit war ich der Meinung, ich müsste mich den anderen anpassen. Dadurch habe ich mich in meiner Haut nie ganz wohl gefühlt. Eigentlich wollte ich nur meine Ruhe und nicht diese wilden Aktivitäten und abendlichen Partys. Andererseits habe ich gedacht, wenn ich nicht mitmache, dann sitze ich ganz alleine da. Das wollte ich irgendwie auch nicht, und insofern war das immer ein Zwiespalt zwischen dem, was ich eigentlich bin, und was ich meinte, sein zu müssen. Das habe ich jetzt noch als sehr anstrengend in Erinnerung."

Heute arbeitet Nina selbst als Erzieherin und ist erleichtert, inzwischen über das Charaktermerkmal der Hochsensibilität informiert zu sein: *„Wir sind zwei Erzieherinnen für 25 Kinder. Seitdem ich von meiner eigenen Hochsensibilität weiß, kann ich mich entsprechend anders auf die Kinder einstellen.*

Wir hatten immer wieder Kinder, bei denen beispielsweise die Eingewöhnung sehr schwierig war oder die bei den ersten Sitzkreisen angefangen haben zu weinen.

Ich habe mich immer wieder gefragt, warum das so ist denn wir machen ja mit allen Kindern das selbe Eingewöhnungs-programm. Oft waren das auch Kinder, bei denen man dachte, dass sie vielleicht schlecht hören und zum Ohrenarzt müssten. Bis ich vom Charaktermerkmal der Hochsensibilität erfahren habe, konnte ich dieses Anderssein eben nicht genau zuordnen."

Als Hochsensible hat Nina diese Kinder oft eher bemerkt als ihre Kolleginnen: *„Ich denke schon, dass mir das schneller aufgefallen ist, weil ich oft einen anderen Draht zu den Kindern hatte. Ich habe gemerkt, dass mit diesen Kindern etwas anders ist und konnte mich in sie einfühlen. Meine Kolleginnen haben das zwar auch bemerkt, aber bei denen wurde das eher abgetan: ‚Das Kind soll sich mal nicht so anstellen'. Oder: ‚Das kann auch am Zuhause liegen.'"*

Die anderen, weniger sensiblen Kinder reagieren häufig negativ auf ihre hochsensiblen Altersgenossen. *„Für Mädchen war das einfacher, weil sie ohnehin anders wahrnehmen. Für einen Jungen, den ich jetzt ganz speziell im Kopf habe, war das schon sehr schwer. Der wollte nicht Fußball spielen. Wenn wir in der Turnhalle waren, wollte er nicht mit rennen oder Spiele machen, bei denen er gejagt wurde. Der hatte schon eine gewisse Außenseiterposition, weil die anderen Jungs überhaupt nicht damit umgehen konnten. Das war eben nicht so dieser Kumpel-Typ, sondern eher jemand, der ruhige Aktivitäten bevorzugt hat. Er hat freiwillig auf die Turnhalle verzichtet, um zum Beispiel an einer Lese-Aktivität teilzunehmen oder zu malen.*

Für ihn war es wirklich schwer, da man immer schauen musste, dass man ihn einerseits mit einbezieht, damit er zumindest ein wenig Kontakt zu den anderen Jungen hat, ihn aber andererseits auch nicht überfordern durfte. Damals wusste ich noch nicht, dass der Junge hochsensibel ist, sonst wäre ich sicher noch anders auf seine Bedürfnisse eingegangen."

Aus Ninas Sicht ist Hochsensibilität gerade für Jungen ein echtes Problem: *„Die werden oft regelrecht niedergemacht. Da fallen dann Sprüche wie: ‚Du bist ein Mädchen!' Es ist traurig, dass ein Junge auch heute noch stark sein muss, Fußball spielen muss. Ich finde es total schade, dass so gar kein Platz ist für Jungen, die sensibel sind.*

Im Gespräch mit Kolleginnen versucht die engagierte Erzieherin immer wieder, auf hochsensible Kinder hinzuweisen: *„Ich thematisiere das schon, aber es ist enorm schwierig, das in den Alltag einzuflechten. Mit zwei Kollegen für 25 Kinder... Wenn dann eins dabei ist, das wirklich anders ist? Das lässt unsere Kindergartenstruktur heutzutage nicht zu, so konkret darauf einzugehen und zu gucken: Was braucht jedes einzelne Kind? Das macht es so schwierig, jedes Kind in seiner Einzigartigkeit zu fördern."*

Immer wieder muss Nina feststellen, dass Hochsensibilität bei Kolleginnen oder Vorgesetzten überhaupt kein Thema ist:

„Mit meiner Vorgesetzten habe ich darüber nicht gesprochen, denn sie hat dafür gar kein Verständnis. So etwas passt einfach nicht in ihr Weltbild. Von meinen Kollegen wissen einige um meine eigene Hochsensibilität, aber es wurde oftmals auch eher belächelt. Dass ich sensibler bin und mir Dinge mehr zu Herzen nehme, das haben eigentlich alle bemerkt. Aber der Begriff Hochsensibilität fällt eher in so eine Art ‚Mode-Abteilung' und wird nicht richtig ernst genommen. Ich bin in einer kirchlichen Kita und da ist es schwierig, weil dieses Thema eher als ein esoterisches oder spirituelles wahrgenommen wird. Insofern kann ich mir nicht vorstellen, dass es vom Träger der Kita positiv aufgenommen werden würde und man sich damit beschäftigen würde. Es würde sicherlich helfen, wenn Hochsensibilität in der Öffentlichkeit und den Medien mehr vertreten wäre.

Was mir besonders fehlt, ist die Zusammenarbeit mit Ärzten. Die müssten viel besser geschult werden. Wenn ich früher Kinder zum Arzt geschickt habe, weil sie anders sind, dann kam häufig die Diagnose ADS oder ADHS. Wenn ich einen Kinderarzt an meiner Seite hätte, der sich mit diesem Thema auskennt, dann würden diese Kinder weniger ADS Diagnosen bekommen. Dafür würde bei vielen vermutlich das Charaktermerkmal der Hochsensibilität festgestellt werden.

Dann könnte man auf die Kinder auch wieder anders eingehen. Dieses Thema gehört einfach in die Öffentlichkeit. Kinderärzte sollten sich damit auskennen, und auch für Kindergärten ist es unerlässlich, dass es dazu Fortbildungsangebote gibt. Schließlich ist nicht in jedem Kindergarten eine hochsensible Erzieherin, die sich damit auskennt. So gehen viele Kinder einfach unter. Allerdings denke ich auch, dass die Eltern genauer hinsehen und ihr Kind besser kennenlernen sollten. Wenn vom Kinderarzt eine ADS-Diagnose kommt, sollte man sein Kind nicht gleich in diese Schublade packen, sondern sich über andere mögliche Gründe für das Verhalten des Kindes Gedanken machen und gegebenenfalls den Mut haben, diese Diagnose zu hinterfragen."

Auch **Henrike** aus Brandenburg sieht die Eltern stärker in der Pflicht. Die 54 jährige Erzieherin blickt nach langjähriger Berufserfahrung in Heimen, Kitas und in der Einzelbetreuung kritisch auf das schnelle Akzeptieren von Diagnosen: *„Bei den ganz Kleinen finde ich das viel zu früh. Oftmals hatten diese Kinder außer zu ihren Eltern und Geschwistern noch wenig Kontakt zu anderen. Der Umgang mit fremden Erwachsenen und Kindern, besonders in der Krippe, ist also Neuland für sie.*

Das müssen sie erst erobern, womit sie in aller Regel auch klar kommen. Ich erinnere mich an einen Jungen, der eine katastrophale Eingewöhnungszeit hatte. Wir haben selbst nicht gedacht, dass es mit ihm in der Gruppe etwas wird. Dann -nach den Weihnachtsferien- kam er wie ausgewechselt zurück. Er war glücklich, wenn er morgens kam und glücklich, wenn er nachmittags wieder ging. Er brauchte einfach etwas mehr Zeit, vielleicht, weil er vorher auch noch keine Erfahrungen mit fremden Personen gemacht hatte. Was wäre aus diesem Jungen geworden, wenn man ihn gleich nach den ersten Problemen wegen möglicher Störungen in irgendwelche Therapien gesteckt hätte?"

Das frühe Therapieren hat laut Henrike in den letzten Jahren immer mehr zugenommen: *„Insbesondere was Ergotherapie, Physiotherapie, Logopädie* *aber auch Frühförderung angeht - das hat inzwischen wirklich extreme Ausmaße angenommen.“* Die meisten Anstöße dazu kommen aus Sicht der engagierten Erzieherin von den Kinderärzten. *„Aber auch die Eltern verlangen den Kindern schon sehr viel ab, gerade wenn es sich um Akademikerhaushalte handelt.*

Die Kinder müssen zum Beispiel schon vor der Schule schwimmen können, lesen können, Englisch können. Dann noch Musikschule... Die Jungs müssen zum Fußball, die Mädchen zum Ballett. Es ist schon extrem geworden, was für eine Menge an Verpflichtungen die Kleinen schon im Kindergartenalter haben. Sie haben oft gar keine Chance mehr, so richtig Kind zu sein!“

Doch so sehr wie die Kinder einerseits gefordert werden, so werden sie andererseits „in Watte gepackt“. Als Beispiel nennt Henrike den wöchentlichen Waldtag in einer Kita, der bei manchen Eltern für wahre Schockreaktionen gesorgt hat: *„Die Kinder haben sich auf diesen Tag immer gefreut, aber manche Mütter hatten extreme Angst: ‚Was ihr den Kindern damit antut! Die sind doch noch nicht so weit!‘ Dabei sind die Kinder oft viel selbstständiger, als manche Eltern es vermuten. Es ist immer wieder erstaunlich, dass sich schon zwei- bis dreijährige Kinder im Kindergartenalltag prima alleine aus- und anziehen können, dann aber beim Abholen und Bringen von den Eltern aus- und angezogen werden, weil sie meinen, ihr Kind wäre damit überfordert.“*

Gerade im Hinblick auf hochsensible Kinder stellt sich Henrike die Frage, ob man den Kindern mit so viel übertriebener Fürsorge wirklich gut tut: *„Ich kann mir vorstellen, dass zumindest manche Aspekte der Hochsensibilität durch diese Art der Überbehütung noch gestärkt werden. Also ist das Verhalten der Kinder zumindest teilweise auch erzieherisch geprägt."*

Die Kita könne eben nur bedingt auf hochsensible Kinder eingehen, so Henrike: *„Viele Eltern sehen einfach nicht, dass man nicht nur ein Kind betreut. Sie erwarten, dass man sich nur nach ihrem Kind richtet, aber dass da noch etwa zwanzig andere Kinder sind, die auch alle individuelle Bedürfnisse haben, wird oft nicht gesehen. Ich denke aber auch, dass hochsensible Kinder keine permanente Sonderbehandlung brauchen. Es würde helfen, wenn die Eltern ihren Kindern ein Stück Normalität in der Kita zugestehen."*

Das sieht **Grace** aus Bochum ganz genauso. Die 33 jährige ist selbst hochsensibel und hat einen zwölfjährigen Sohn, der dieses Persönlichkeitsmerkmal von ihr geerbt hat. *„Ich würde beim Kind um dieses Thema kein Brimborium machen. Man sollte die Augen offenhalten, sich über das Thema informieren und darauf achten, dass das Kind genug Pausen und Auszeiten hat. Man kann sein Kind schon dadurch schützen, dass man ihm in den ohnehin hektischen Alltag nicht zu viele Termine packt. Und wenn es darauf ankommt, muss man sich schützend vor sein Kind stellen."*

Als ihr Sohn etwa vier Jahre alt war, wurde für Grace deutlich, dass er anders ist: *„Es gab immer mehr Probleme beim Essen. Niklas aß keine Saucen, kein Gemüse, keine*

Kartoffeln – und das ist bis heute so geblieben. Ihm wird dann regelrecht schlecht und er ekelt sich davor. Außerdem konnte er die meiste Kleidung am Körper nicht mehr vertragen. Es gab noch ein, zwei T-Shirts, die er anziehen konnte, der Rest war ‚komisch', genauso wie die meisten Hosen ‚komisch' waren. Das war schon richtig schwierig damals.

Als „ernst" beschreibt die mehrfache Mutter ihren Sohn: *„Er war schon immer eher ein Einzelgänger. Das ist inzwischen zwar etwas besser geworden aber es ist ihm schnell zu laut oder zu viel."*

Vor etwa drei Jahren erfuhr Grace erstmals von Hochsensibilität und steuerte daraufhin in der Erziehung um: *„Ich habe früher versucht, ihn etwas härter zu erziehen, also mehr einen Kerl aus ihm zu machen. Da lasse ich ihn inzwischen so sein, wie er ist. Auch wenn er eher weich und gefühlslastig ist."*

Man sollte in der Erziehung seiner Kinder einfach mehr auf sein Bauchgefühl hören, meint Grace: *„Ich spüre bei anderen Müttern oft eine große Unsicherheit und denke mir dann ‚Warum trauen die sich nicht mehr zu?' Die Welt ist nun mal laut und hektisch, und auch hochsensible Kinder müssen später irgendwie klarkommen im Leben. Deshalb sollte man in Richtung Selbständigkeit erziehen, ihnen Dinge zutrauen und sie auch Sachen aushalten lassen - das ist schon wichtig."*

Dem kann die Lehrerin **Christina** aus Niedersachsen nur zustimmen. Auf die Frage, ob sie Eltern hochsensibler Kinder aus ihrer Erfahrung heraus einen besonderen Rat geben würde, antwortet sie: „*Wie bei jedem Kind sollten die Eltern es in seinem Tun, Fühlen, Denken, Erleben unterstützen und begleiten. In meinen Augen ist ein hochsensibles Kind nicht besonders und ich empfehle allen Eltern dieser Kinder, das ihren Kindern auch so zu vermitteln. Für die Eltern ist es unter Umständen oft mühsamer, sich mit einem hochsensiblen Kind auseinanderzusetzen - zeitintensiver und emotionaler. Doch auch das gehört zum Elternsein.*

Es mag erleichternd sein, wenn man Eltern Lektüre und Informationen dazu bereitstellt, um es ihnen einfacher und verständlicher zu machen, wie die Erlebenswelt dieser Kinder ist - besonders, wenn sie es selbst nicht kennen.

Es gibt so viele einfache Alltagsstrategien, die man auch kleineren Kindern schon mit auf den Weg geben kann, zum Beispiel das Kind nicht zu isolieren und nicht zu überfordern. Ich habe gute Erfahrungen damit gemacht, meinen Kindern und auch meinen Schülern zu vermitteln, dass sie alle ihren eigenen Weg finden werden. Sie müssen auch lernen, sich um sich selbst zu kümmern. Stück für Stück. Und mein wichtigster allgemeiner Tipp: Sprecht mit euren Kindern, nehmt euch Zeit für Rituale des Austauschs, z.B. abends ein Sprechkreis auf dem Wohnzimmerteppich mit Kerze, bei den Mahlzeiten oder auch abends im Bett. Das findet in vielen Familien nicht statt. Da wird dann erst diskutiert und geredet, wenn ‚das Kind oft schon in den Brunnen gefallen' ist."

Christina hat selbst zwei hochsensible Kinder: „*Meine ältere siebzehnjährige Tochter spürt die Stimmung von Menschen, die den Raum betreten. Man kann ihr nichts vorspielen. Sie sieht einem in die Augen und spürt die ‚Aura', oder wie auch immer man das nennen will. Da viele Menschen im Alltag Rollen spielen und nicht authentisch sind, fällt es ihr oft schwer, auf andere zuzugehen. ‚Da stimmt etwas nicht', hat sie mal gesagt. Sie reagiert dann oft mit Rückzug und wirkt schüchtern oder sogar ängstlich. Sie ist schnell verunsichert und denkt dann oft, etwas an ihr stimme nicht. Sie ist sehr empathisch, wofür sie viele Menschen schätzen und mögen: Sie ist Klassensprecherin, war lange Schulsprecherin in ihrer alten Schule und leitet eine Jugendgruppe in der Kirchengemeinde. Solange sie in diesen Rollen ist, ist sie sehr stark. Ist sie dann aber wieder sie selbst, zu Hause oder in der Clique, dann sucht sie Vertrautheit und Geborgenheit in einem ganz engen Freundes- und Familienkreis, auf den sie sich ‚verlassen' kann. Sie ist immer sehr um Harmonie bemüht.*

Meine jüngere Tochter ist vierzehn und wird seit frühester Kindheit als ‚Antenne mit zwei Beinen' betitelt. Auch sie reagiert extrem auf Stimmungen, scannt die Leute förmlich ab. Man kann ihr nichts vorspielen. Wenn etwas nicht stimmig ist, wird sie im Gegensatz zu ihrer Schwester eher aggressiv und sehr launisch. Sie ist eher ein Einzelgänger, der dann nicht um Harmonie bemüht ist, sondern sich absondert."

Beide Kinder sind sehr musikalisch, spielen Instrumente und nehmen klassischen Gesangs unterricht, erzählt Christina. *„In der Musik finden beide Frieden, Kraft und Ausgleich zu dem oft als stressig empfundenen Alltag mit ihren Mitschülern, Freunden. ‚In* *der Musik kann man nicht belogen oder geblendet werden. Musik ist einfach ehrlich', meinte meine ältere Tochter einmal."*

An der Schule geht Christina mit hochsensiblen Schülern anders um als ihre Kolleginnen und Kollegen: *„Auch wenn ich es gar nicht wahrhaben möchte, ich tue es aber wohl doch. Ich habe einige Kinder vor Augen, denen ich nicht unbedingt zeitlich mehr Aufmerksamkeit, aber doch eine intensivere Aufmerksamkeit schenke als anderen. Ich fühle mich ihnen mehr verbunden, sie liegen vor mir wie ein offenes Buch. Ich kann sie verstehen, was einige Kollegen nicht nachvollziehen können. Bei diesen Kindern handelt es sich häufig um die ‚Problemkinder' - also die, die irgendwie auffallen, was man ja im Schulalltag so gar nicht möchte.*

Ich habe dann die Ruhe, die Geduld (meistens, aber nicht immer) und strahle in dem Moment Überlegenheit aus. In mir drinnen brodelt dann allerdings oft ein Vulkan. Der Zusammenbruch kommt dann danach, wenn alles vorbei ist."

Nicht zuletzt aus diesen persönlichen Erfahrungen heraus ist sich die 46 Jährige sicher: *„Schule müsste sich grundsätzlich verändern, nicht nur im Hinblick auf Hochsensibilität. Bis zum Ende des letzten Jahres habe ich an drei Schulen gleichzeitig gearbeitet, doch eine Info zu diesem Thema ist mir noch nirgends in die Hände gefallen. Für Schulpsychologen, die ja beratend an Schulen tätig sind, halte ich dieses Thema für sehr wichtig.*

Und auch für Lehrerinnen und Lehrer sollte es endlich mehr Informationsmaterial geben, so dass sich jeder über

Hochsensibilität informieren kann, der sich angesprochen und berührt fühlt. Hilfreich wären sicherlich auch freiwillige Weiterbildungs-angebote für Lehrkräfte."

Die achtzehnjährige **Berna** aus Hamburg steht kurz vor dem Abitur, und man merkt ihr den Druck an, wenn sie über die Schule spricht.

Auf die Frage, was sie an der Schule am meisten stört, antwortet sie: *„Der Stress allgemein. Und ich bin natürlich immer noch schnell abgelenkt. Es fällt mir besonders schwer, mich zu konzentrieren, wenn mehrere Leute reden. Dieses Durch-einanderreden ist für mich eigentlich das Schlimmste, aber natürlich ist gerade das in der Schule oft der Fall. Wenn wir Stillarbeit haben, kann ich mich dagegen ganz gut konzentrieren. Manchmal darf ich mir Kopfhörer aufsetzen, und es hilft mir, wenn ich dann klassische Musik höre. In den Pausen ziehe ich mich auch schon mal zurück, indem ich zum Beispiel draußen einen Spaziergang mache. Da hole ich mir meinen Freiraum, wenn es sein muss."*

Berna fühlt sich anders, seitdem sie denken kann: *„Schon als kleines Kind war ich ziemlich schüchtern, das ist jedem gleich aufgefallen. Ständig wurde ich aufgefordert: ‚Komm doch und spiel mit uns!' Aber ich wollte nicht mit so vielen zusammen sein, sondern lieber für mich alleine spielen.*

Außerdem habe ich vieles wahrgenommen, was andere gar nicht bemerkt haben. Zum Beispiel habe ich gehört, wenn im Nebenraum der Fernseher angeschaltet wurde.

Das hat nur ganz leise gepiept und außer mir hat das niemand gehört. Meine Mutter hat mich für bescheuert gehalten, aber für mich war das ganz normal. Außerdem habe ich ein ziemlich gutes Gedächtnis, ich kann fast gar nichts vergessen.“

Als Kind hat sie ihre Sensibilität nicht als Belastung empfunden. *„Aber es hat mich gestört, dass andere das nicht akzeptiert haben, beziehungsweise das als unnormal gesehen haben. Da habe ich mit meinem Selbstbewusstsein schon ganz schön gekämpft, ob ich normal bin oder nicht. Ohne die Kommentare der anderen hätte es mich überhaupt nicht gestört. Im Gegenteil, ich fand das eigentlich sogar ganz hilfreich.“*

Kritik an ihrem Wesen gab es sowohl von Mitschülern als auch von Lehrern. *„Von den Mitschülern gab es öfter böse Kommentare, aber auch von den Lehrern bekam ich häufig etwas zu hören, weil ich mich nicht richtig konzentrieren konnte. Ich war oft mit irgendwelchen Details beschäftigt und habe dabei das Große verpasst.“*

In den ersten zwei Jahren konnte Berna mit niemandem über ihre Gedanken und Sorgen sprechen. *„In der dritten oder vierten Klasse habe ich angefangen, meiner Mutter mehr und mehr zu erzählen. Manchmal sogar jedes Detail, so dass es sie gestört hat. Sie konnte mich auch nicht wirklich verstehen.*

Das hat sie mir zwar nie direkt so gesagt, aber ich habe das natürlich schon mitbekommen. Trotzdem habe ich ihr sehr viel erzählt und mich dabei schuldig gefühlt, aber irgendwo muss man das ja rauslassen. Irgendwann habe ich ihr nur noch die sachlichen Dinge erzählt, aber nicht meine Gefühle. Das habe ich nicht geschafft.“

Wenn man niemanden hat, um über Gefühle zu reden, wird das zwangsläufig irgendwann zur Belastung: *„Ich habe mir andere Wege gesucht. Schon als Kind habe ich Geschichten geschrieben, oder Gedichte. Abends im Bett war ich in meiner Fantasiewelt. Da habe ich versucht, alles zu verarbeiten.*

Allerdings hatte ich deswegen als Kind auch schon Schlafprobleme. Ich lag manchmal stundenlang im Bett wach, weil ich so viel nachgedacht habe. Andererseits wollte ich nicht aufhören, weil ich meine Gefühle ja irgendwie verarbeiten musste. Mit elf habe ich außerdem Albträume bekommen, weil ich angefangen habe Nachrichten zu schauen. Die ganzen Dinge die ich dort gesehen habe, habe ich sozusagen miterlebt und habe mit gelitten. Da habe ich dann angefangen, mit meiner Mutter über meine Gefühle zu reden.“

An die Pubertät hat Berna ebenfalls keine unbeschwerten Erinnerungen: *„Ich war immer noch schüchtern, dadurch war das für mich eine ziemlich schwere Zeit. Ich habe die ganzen Leute immer erst einmal analysiert, bevor ich zu jemandem Kontakt aufgenommen habe. Von den meisten Mitschülern gab es kein Verständnis.*

So ein kleines Mobbing habe ich also schon durchgemacht. Zum Glück habe ich in der neunten Klasse zwei Freundinnen gehabt, mit denen ich über einiges reden konnte, aber nicht über alles.“

Freiräume sucht sich Berna heute in ihrer Freizeit. Laute Gruppenaktivitäten sind nicht ihr Ding. *„Ich spiele seit zehn Jahren Klavier. Das tut mir sehr gut... Es ist ein gutes Ventil, bei dem ich meine Gefühle rauslassen kann. Ich spiele viel Klassik, ab und zu auch Jazz.“*

Einen Freund hatte die 18 Jährige bislang noch nicht: *„Das hat für mich auch keine Priorität. Ich glaube auch, dass es sehr schwierig wird, wenn man so vieles anders wahrnimmt.“*

Das erste Mal hat sie vor drei Jahren von Hochsensibilität erfahren. Inzwischen richtet sie ihre Zukunftsplanung an diesem Wesenszug aus: *„Wir hatten ziemlich viele Probleme in der Familie. Als ich 15 war, habe ich mit einer Seelsorgerin gesprochen. Der habe ich meine Lebensgeschichte erzählt, sie hat mit mir einige Tests gemacht und ist darauf gekommen, dass ich hochsensibel bin. Zuerst dachte ich: Was ist das? Inzwischen habe ich mich damit beschäftigt und werde mir einen Beruf aussuchen, in dem ich eine ganz klare Struktur mit festen täglichen Abläufen habe. Ich könnte nicht jeden Tag etwas Neues machen.“*

Petra aus Schleswig-Holstein hat gleich zwei hochsensible Kinder, bei denen sich diese Veranlagung jeweils auf ganz unterschiedliche Weise äußert:

„Mein achtzehnjähriger Sohn ist stark geruchsempfindlich“, erzählt die 47 Jährige. *„Schon als Kleinkind verspürte er deswegen extremen Ekel, beispielsweise beim Eincremen. Das ging vom Würgen bis*

hin zum Übergeben. Außerdem mochte er keine Pflaster und keine Fleecepullover, denn die fühlten sich für ihn eklig an."

Auch die Auswahl des richtigen Essens war bis in die Pubertät ihres Sohnes eine Herausforderung: *„Er aß fast ausschließlich Brot, immerhin gerne Schwarz- oder Vollkornbrot, Nudeln, Reis und Kartoffeln. Diese hat er nicht mit Saucen gegessen, sondern nur mit Butter und Salz. Er aß lange kein Fleisch und isst bis heute nicht eine einzige Sorte Obst. Dabei verspürt er schon beim Ansehen Ekel und konnte sich zeitweise nicht an einen Tisch setzen, auf dem zum Beispiel eine Schale mit Weintrauben stand. Er kann heute noch keinen Einkaufskorb tragen, in dem Obst oder Gemüse offen liegt."*

Als Petra den Kinderarzt besorgt auf die „einseitige" Ernährung des Sohnes ansprach, erklärte dieser: *„So lange er Kartoffeln isst, bekommt der Körper alles, was er braucht."* Und tatsächlich ist der Sohn selten krank und hat eine gesunde Widerstandskraft.

Weitere typische Aspekte seiner Hochsensibilität sind neben einer hohen Lärm- und Geräuschempfindlichkeit auch seine Abneigung gegen größere Menschengruppen. *„Außerdem konnte und kann er mit Kritik schlecht umgehen und stellt sehr hohe Anforderungen an sich selbst. An Wettbewerben und Turnieren nahm er als Kind ungern teil (‚Ich weiß ja, dass ich es kann, ich muss das nicht den anderen beweisen'). Seit der Kindergartenzeit hat er drei gute Freunde. Auf dem*

Gymnasium kamen auch andere hinzu, aber erst als Teenager war mein Sohn gerne auch mit mehreren gleichzeitig zusammen. Davor traf er sich am liebsten immer nur mit einem Freund zur Zeit. Er spielt gerne Golf, Schach und Computerspiele - also alles eher ruhige Dinge. Als Kind beschäftigte er sich stundenlang mit Lego oder Playmobil und es gab immer eine große Krise, wenn an seinen aufgebauten Sachen etwas verändert wurde.“

Wie viele hochsensible Kinder hatte auch Petras Sohn lange Zeit Probleme mit dem Einschlafen und Durchschlafen.

Untypisch für Hochsensible war dagegen als Kleinkind die Angst vor fast allen Tieren. Selbst kleine Babymeerschweinchen auf einer Erwachsenenhand waren ein Problem, ebenso wie eine Katze auf dem Weg: *„In der ersten Klasse kam er mal weinend zurück von der Schule: Mami, die Katze will mich nicht durchlassen!“*

Petras Tochter ist inzwischen Zwanzig. Auch sie war als Kind eher schwierig beim Essen, hat aber nie wie ihr Bruder Ekel empfunden. Dafür äußerte sich die Hochsensibilität im Bereich der Kleidung. Petra ist keine „Kleidchen-Mama“, sondern eher der Jeanstyp. *„Meine Tochter mochte mit drei Jahren keine Hosen mehr tragen - vermutlich weil sie einengend waren. Sie trug damals nur Kleider... Also, anerzogen war das bestimmt nicht!“*

Petras Tochter zeichnet sich außerdem durch eine hohe Empathie aus und hatte im Gegensatz zu ihrem Bruder immer einen großen Freundeskreis: *„Sie war sehr* *beliebt bei anderen Kindern, aber oft enttäuscht, weil nicht alle so ‚treu' waren und das Wort Freundschaft nicht so ernst genommen haben wie sie.*"

Stress schlug ihrer Tochter schon als Kind buchstäblich auf den Magen, erklärt Petra: *„Wenn etwas war, kam immer ein Anruf der Schule, sie müsse wegen Bauchschmerzen abgeholt werden.*" Wahrscheinlich wollte sie damit auch sichergehen, dass ihre Mutter immer da ist, wenn sie von ihr gebraucht wird. Obwohl Petra vermutete, dass es oft eher ein seelisches als ein körperliches Problem war, reagierte sie immer verständnisvoll. *„Schließlich können aus seelischen ‚Bauchschmerzen' auch körperliche Probleme wie zum Beispiel Magenschleimhaut-entzündungen entstehen.*" Tatsächlich kämpft ihre Tochter auch heute noch mit genau diesen körperlichen Problemen.

Ihre beiden Kinder seien extrem empathisch, sagt Petra. *„Sie haben sich schon sehr früh in andere sowohl hineingefühlt als auch hineingedacht. Sie haben sich Sorgen gemacht und überlegt, wie man helfen könnte. Beide sind sehr hilfsbereit und selbstlos.*"

Ein anderes typisches Merkmal von Hochsensibilität trifft ebenfalls auf beide Kinder zu, so Petra: *„Beide Kinder sind besonders schmerzempfindlich und reagieren auch stark auf Medikamente. Deshalb bekommen sie zum Beispiel immer nur die halbe Dosis der Betäubung beim Zahnarzt. Bei einer normalen Dosierung würde die Wirkung* *fast den ganzen Tag anhalten... das ist bei mir übrigens auch so. Beide Kinder sprechen auch sehr gut auf Homöopathie an.“*

Erzieherinnen und Lehrerinnen taten sich zeitweise mit dem Verständnis für die Hochsensibilität von Petras Kindern schwer. *„Mein Sohn hat sich in der Kita einmal sehr vor einem Brotaufstrich geekelt, der direkt vor seiner Nase stand. Er bat die Erzieherin eindringlich darum, das ‚eklige Zeug‘ wegzustellen, weil ihm schlecht würde. Doch die Erzieherin meinte, er solle sich nicht so anstellen und hat den Brotaufstrich vor ihm stehen lassen. Daraufhin musste er sich direkt auf seinen Teller übergeben. Auch dafür hatte die Erzieherin kein Verständnis.“*

Mit der Situation allein gelassen, fand Petra für ihren Sohn eine Lösung, wie er sich in solchen Situationen helfen konnte: *„Im Kindergarten hing über der Tür eine Uhr. Ich habe meinem Sohn gesagt, er soll in solchen Situationen sofort zu dieser Uhr gucken, wenn ihn etwas ekelt und den anderen Kindern sagen, sie sollen die betreffende Sache bitte wegnehmen. Diese Hilfe zur Selbsthilfe hat zum Glück sehr gut funktioniert.“*

In der Grundschule wurde er von der Lehrerin immer wieder wegen fehlender mündlicher Beteiligung kritisiert, erinnert sich Petra. *„Seit der zehnten Klasse ist er allerdings einer der besten, wenn es um mündliche Beteiligung geht. Einfach weil er weiß, dass er muss, dass es viel zählt und es für alle Beteiligten unangenehm ist, wenn im Unterricht keiner was sagt.“* In der Grundschule jedoch hatte der Sohn von Petra einfach noch nicht verstanden, was die Lehrerin von ihm wollte. Er schrieb nur gute Arbeiten und dachte daher, dass sie doch sieht, dass er es kann.

Petra hat ihre Kinder nie als Belastung empfunden: *„Für mich war es eher belastend, dass andere sie nicht verstanden haben. Ich hatte selbst als Kind mit ähnlichen Problemen, wie Schwierigkeiten beim Essen und Heimweh zu tun, und war ‚nah am Wasser gebaut'. Deshalb habe ich meine Kinder immer verstanden und keine große Sache daraus gemacht. Beim Essen gab es dann eben für einen nur Beilagen, beim Spinat aß einer dazu nur das Eigelb, der andere Eiweiß. Wer etwas nicht mochte, musste es nicht essen. Wenn ihn es total ekelte, auch nicht probieren, weil ich das als Kind auch nicht konnte.*

Natürlich war es zeitweise anstrengend mit dem schlechten Ein- und Durchschlafen, aber wir haben die Kinder entgegen aller Besserwisser dann zu uns ins Bett geholt, sie fühlten sich geborgen und haben sofort ruhig geschlafen."

Da Petra viele Aspekte der Hochsensibilität von sich selber kannte, hat sie ihre Kinder instinktiv richtig verstanden. *„Ich habe das ‚Glück' gehabt, meine Kinder ohne Wissen über Hochsensibilität zu erziehen. Erst als die Kinder fünfzehn und siebzehn waren, las ich einen Artikel darüber und es machte sofort ‚Klick'. Ich las und gab den Artikel dann mit Tränen in den Augen meinem Mann und sagte, das würde ihm erklären, warum sein Sohn manche Dinge einfach nicht aushalten kann und ich ihn nicht übertrieben in Schutz genommen habe."*

Ihrem Mann habe das sehr geholfen, erzählt Petra. Auch wenn er vieles nicht nachvollziehen konnte, weil er zu der Generation gehört, in der Jungen immer stark sein mussten und nicht weinten.

„Mein Sohn weiß von alleine, dass er in einigen Dingen anders empfindet als andere, dass für ihn manches schwieriger ist. Er hat aber immer seinen Ruhepol und Rückzugsort zu Hause gehabt und dadurch gelernt, ‚außen' nach und nach etwas mehr auszuhalten. Dass es einen Namen dafür gibt, habe ich bisher ihm gegenüber nicht erwähnt. Wichtig ist, dass ich immer seine Schwächen akzeptiert habe und versucht habe, seine Stärken zu stärken. Meine Tochter studiert Lehramt und ist für diesen Beruf genau richtig. Dass sie empathischer und sensibler als viele andere ist, ist ihr bewusst und sie geht damit gut um. Sie hat ja mitbekommen, was ich ihr vermittelt habe und erwartet nicht mehr zu viel von anderen."

So verwundert es nicht, dass Petra glücklich und stolz auf ihre beiden Kinder ist: *„Ich habe zwei tolle, hochsensible Kinder, die beide ihren Weg gehen werden und dabei vielen Menschen mit ihrer lieben Art, ihrem Verständnis und ihrem Mitgefühl gut tun werden. Das ist schön, wertvoll und manchmal ein bisschen schwer. Aber auf keinen Fall ist Hochsensibilität etwas Negatives."*

Petras Tipp für Eltern: *„Gebt dem ‚Problem' keinen Namen, macht auch nicht wirklich ein Problem daraus. Es ist keine Krankheit, es ist mehr eine Sammlung besonderer Charaktereigenschaften.*

Schützt eure Kinder da, wo es notwendig ist, aber werft euch nicht über sie und räumt nicht jeden kleinen Stein aus dem Weg. Sie werden vielleicht mal stolpern, aber sie müssen lernen, selber die Füße zu heben.

Gebt ihnen einen Rückzugsort zu Hause, wo sie sein können, wie sie sind, dann schaffen sie es nach und nach, außerhalb von zu Hause Situationen besser auszuhalten."

6 GEIST & SEELE STÄRKEN: WAS HOCHSENSIBLEN KINDERN GUT TUT

Vater: *„Was machst Du gerade?"*

Sohn: *„Ich höre dem Wind zu!"*

Der Vater ist erstaunt und möchte es genauer wissen: *„Was sagt er denn?"*

Sohn: *„Der sagt nichts. Aber er streichelt mich mit seinem Gesang!"*

Wenn Sie ein hochsensibles Kind haben, werden Sie ganz sicher des Öfteren über seine interessanten Ideen und Gedanken staunen.

Sie werden aber auch immer wieder vor der Frage stehen, wie Sie mit der starken Empfindsamkeit Ihres Kindes umgehen sollen. Es ist für Ihr Kind zwar wichtig, dass es eine möglichst angenehme, geschützte Kindheit erlebt, aber mindestens ebenso wichtig, dass Sie Ihr

Kind für das Leben stark machen. Das Gelingen der Erziehung von hochsensiblen Kindern hängt von drei Themenbereichen ab, die man unter folgenden Oberbegriffen zusammenfassen kann:

- **Verständnis und Akzeptanz**
- **Liebevolle Konsequenz**
- **Weniger ist mehr**

Wenn Sie sich noch nicht sicher sind, ob Ihr Kind wirklich hochsensibel ist, können Sie die folgenden Ratschläge gerne trotzdem anwenden, da sie ganz sicher keinem Kind schaden. Im Gegenteil!

Was passiert, wenn die Hochsensibilität nicht hinreichend in der Erziehung beachtet wird, wurde in den teilweise erschreckend traurigen Äußerungen der heute Erwachsenen geschildert. Auch über mögliche physische und psychische Folgen von falscher Erziehung war in den vorigen Kapiteln zu lesen. Geben Sie daher Ihrem Kind, was es braucht! Vor allem ist dies...

Verständnis und Akzeptanz

Allzu leicht orientiert man sich nur an der Norm und weniger an den individuellen Fähigkeiten des Kindes. Wenn man aber sein Kind in eine Richtung erziehen will, die es auf Grund seiner Persönlichkeit gar nicht erfüllen *kann*, führt dies mit einer sehr hohen Wahrscheinlichkeit zumindest zu schweren Selbstzweifeln, im schlimmsten Fall gar zu psychischen Störungen. Daher ist die allerwichtigste Sicherheit, die Sie Ihrem Kind geben können:

Zeigen Sie ihm immer wieder (gerade auch in schwierigen Momenten) mit aller Deutlichkeit und aller Liebe...

Du bist gut so, wie Du bist!

Sie können Ihr Kind am besten unterstützen, indem Sie sein Anderssein akzeptieren. Vergleichen Sie es daher auf keinen Fall mit anderen Kindern. Der gut gemeinte Rat *„Die anderen Kinder machen es doch auch gerne“* sorgt nur für zusätzlichen Druck. Wenn Ihr Kind (insbesondere nach der lauten Schule oder Kita) das Bedürfnis nach Ruhe, Alleinsein und kreativen Spielen hat, dann ist das völlig in Ordnung. Nicht jedes Kind muss unbedingt einen gesellschaftskonform prall gefüllten Terminkalender haben.

Verständnis bedeutet aber auch, sich die Mühe zu machen, das Kind wirklich zu *verstehen*. Dazu braucht es Zeit und ungeteilte Aufmerksamkeit. Wenn Sie sich mit liebevoller Zuneigung Ihrem Kind und seiner Gedankenwelt widmen, dann sollten sie Ihr Tablet und Smartphone weit weg legen und den Fernseher in dieser Zeit ausgeschaltet lassen. Alle Kinder brauchen elterliche Nähe, aber für Hochsensible gilt dies ganz besonders.

Echtes Interesse für die Gedankenwelt des Kindes, Anteilnahme an seinen Sorgen und seiner Freude sind ebenso wichtige Zeichen elterlicher Liebe, wie kleine gemeinsame Alltagsrituale. Ob abendliches Vorlesen, gemeinsames Gebet oder morgendliches Planen des Tages: Schaffen Sie für sich und Ihr Kind feste Zeiten ungeteilter Aufmerksamkeit. Das ist ein kleines Stück Konstante und ein großes Stück Sicherheit in der Welt eines Kindes, das ansonsten von vielen wechselnden Reizen gefordert wird.

Zumindest zu Hause sollten Reize reduziert werden. Das Kinderzimmer sollte nicht zu „bunt" sein (auch wenn Kinder das natürlich toll finden), und statt offener Regale bringen Schränke mit Türen mehr Ruhe in den Raum. Spielzeug sollte soweit wie möglich nur ohne Licht- und Toneffekte gekauft werden. Bei größeren Kindern sollte die Zeit der Mediennutzung (Fernsehen, Computer) unbedingt zeitlich begrenzt werden. Beim Fernsehen sind Cartoons mit schnell gezeichneter Bildabfolge und lauten, schrillen Tönen für hochsensible Kinder oft nicht geeignet.

Zuhause ist übrigens nicht nur ein reizarmer Raum, sondern vor allem ein Ort bedingungsloser Liebe und Offenheit! Hier darf Ihr Kind so sein, wie es möchte, darf seinen Emotionen freien Lauf lassen, ohne dass es dafür kritisiert wird oder es sich erklären muss. Gerade mit Reizen überschwemmte Kinder benötigen ganz dringend einen Ort, der ihnen verlässlich Ruhe, Kraft und Geborgenheit gibt.

Mit anderen Worten: Zu Hause ist optimalerweise ein Rückzugsraum, in dem das Kind Kraft tanken und zur Ruhe kommen kann - es ist ein Ort, an dem das Kind nicht dafür kritisiert wird, wie es *ist*.

Natürlich haben Sie einen Erziehungsauftrag, und es wird sich dabei nicht vermeiden lassen, dass Sie Kritik üben und Grenzen setzen müssen. Aber wenn Sie mit Ihrem Kind schimpfen müssen, dann kritisieren Sie bitte immer nur das, was Ihr Kind *macht*, aber niemals, was es *ist*. Das heißt, es wird keine Kritik an der Persönlichkeit, sondern nur am Verhalten des Kindes geübt.

Also niemals: *„Du bist nicht gut!"*
Sondern: *„Das, was du getan hast, war nicht gut!"*

Eine solche Formulierung ist schon sehr direkt und hart, deswegen sollte sie nur dann verwendet werden, wenn es um wirklich gravierende Themen geht. Macht Ihr Kind hingegen einfach nur mal etwas Blödsinn, der Sie nervt, sollte die Kritik mit einer Ich-Botschaft versehen sein: *„Mich stört, was du getan hast, weil ich finde, dass..."*

Der Unterschied zwischen Kritik an der Person (oder auch an ihren Fähigkeiten) und der Kritik am Verhalten ist immens wichtig, denn er prägt das Selbstwertgefühl des Kindes. Wenn ein Kind immer wieder zu hören bekommt, das es schlecht *ist*, wird seine Seele daran leiden oder gar zerbrechen. Ganz anders wirkt es dagegen, wenn man seinem Kind sagt: *„Du weißt, ich habe dich lieb. Aber was du gerade gemacht hast, war einfach nicht in Ordnung!"* Aus einer solchen Kritik kann das Kind lernen, ohne dass dadurch sein Selbstvertrauen leidet.

Trotz aller Emotionen muss man als erwachsene Bezugsperson gerade in kritischen Momenten ruhig, sachlich und konkret bleiben. Und so sind neben der Kritik an der Persönlichkeit oder den Fähigkeiten insbesondere für alle hochsensiblen Kinder auch negative Formulierungen, die mit Verallgemeinerungen gespickt sind, Gift für die Seele.

Beispiele: *„Du hast SCHON WIEDER..."*
„Du machst NIE..."
„IMMER machst du das falsch!"

Umgekehrt sollte man sein Kind sowohl dafür loben, wie es *ist*, als auch dafür, wie es etwas *macht*.

Das Lob im Sinne von *„Das hast du gut gemacht"* ist positiv, aber die folgende Aussage geht tiefer: *„Ich finde es toll, wie du immer wieder gute Lösungen findest! Ich bin wirklich stolz auf Dich!"*

Selbstverständlich sollten Lob und Kritik immer authentisch und ehrlich sein. Kinder spüren ohnehin sehr gut, wenn man ihnen etwas vormacht - und für Hochsensible gilt das noch viel mehr. Deshalb ist Ehrlichkeit oberstes Gebot.

Leider vergessen wir in der Hektik des Alltags gerade das Lob allzu oft. Sie können es sich daher zur

Gewohnheit machen, sich jeden Abend fünf Dinge aufzuschreiben, die ihr Kind gut gemacht hat. Wenn Sie das regelmäßig tun, wird es schwierige Tage geben, wo es nicht leicht sein wird, fünf Dinge zusammenzutragen.

Aber genau dieses kleine Ritual hilft Ihrem Unterbewusstsein dabei, das Positive an Ihrem Kind zu sehen. Und da gibt es viel zu entdecken: Hochsensible Kinder sind oft kreativ, intuitiv und empathisch.

Sie haben eine hohe Naturverbundenheit, einen stark ausgeprägten Gerechtigkeitssinn, einen guten Blick für Details und sind nicht nur harmoniebedürftig sondern oft auch in der Lage, Harmonie zu erzeugen.

Sie stellen unglaublich spannende, weitreichende Fragen und können Kunst und Musik wirklich tief empfinden.

Stärken Sie diese Stärken Ihres Kindes. Bauen Sie sein Selbstvertrauen auf, indem Sie immer wieder ehrlich loben, was Ihnen an Ihrem Kind so gut gefällt.

Dies ist umso wichtiger, weil die kleinen Perfektionisten, die Hochsensible oft sind, schnell daran verzweifeln, wenn etwas nicht so klappt, wie sie es gerne hätten.

Und wenn Ihr Kind wieder einmal sagt: *„Ich kann das nicht“*, dann verbessern Sie es sanft, aber deutlich: *„Das kannst du NOCH nicht!“*

Mitunter hilft es, das Kind an etwas zu erinnern, was es inzwischen gut beherrscht, beispielsweise: *„Weißt du noch, als du das erste Mal auf dem Fahrrad* *gesessen hast... Da hast du auch geglaubt, du würdest es nie lernen. Und jetzt fährst du so toll Fahrrad!"*

Die Kinder von Petra haben wir bereits im vorigen Kapitel kennengelernt. Bei ihnen wirken bis heute zwei mutmachende Sätze nach, die Petra und ihr Mann ihnen als Kinder verinnerlicht haben:

„Wenn ich etwas wirklich will, schaffe ich das auch"
„Es gibt nichts, was du nicht versuchen kannst!"

Übrigens: Wenn Sie Ihr Kind motivieren oder loben, dann tun Sie das bitte immer und ausschließlich mit positiven Formulierungen, denn auch das macht einen entscheidenden Unterschied im Unterbewusstsein aus.

Das nett gemeinte *„Nicht schlecht"* wird im Gehirn völlig anders bewertet als ein *„Gut"*, denn bei einer Verneinung bleibt im Unterbewusstsein die negative Formulierung hängen. Das wäre beim obigem Beispiel das Wort *„schlecht"*.

Das Verwenden von positiven Formulierungen ist beim Lob ebenso wichtig wie bei Ermutigungen, denn negativ formuliert führen sie beinahe unweigerlich zum Misserfolg.

Falsch wäre: *„Pass auf und konzentriere dich, damit es nicht schief geht!"*
Richtig: *„Denk daran, wie gut du es kannst. Das schaffst du!"*

Auf diese Weise bleibt die positive Formulierung im Unterbewusstsein hängen und motiviert Ihr Kind.

Zusammenfassung:

- Nehmen Sie sich Zeit für Ihr Kind! In dieser Zeit verdient und bekommt das Kind Ihre ungeteilte Aufmerksamkeit.

- Egal wie hektisch der Alltag ist: Für ehrliches Lob ist immer Zeit! Loben Sie, *wie* Ihr Kind ist und *was* es kann.

- Zu Hause wird konsequent auf alle unnötigen Reize verzichtet. Das Kinderzimmer sollte dabei besonders reizarm sein.

- Zu Hause ist der Rückzugsort, an dem das Kind so sein darf, wie es wirklich ist.

- Nie kritisieren, *wie* das Kind ist, sondern nur, *was* es macht. Keine Verallgemeinerungen.

- Schaffen Sie sich kleine, tägliche Rituale.

- Nicht darauf konzentrieren, was das Kind *noch* nicht kann, sondern auf das, was es bereits gelernt hat.

- Lob und Ermutigungen positiv formulieren.

Liebevolle Konsequenz

Kinder brauchen Regeln. Für hochsensible Kinder gilt das ganz besonders. Was sie darüber hinaus benötigen, sind klare verbindliche Strukturen.

Das heißt für Ihren Alltag, dass Sie diese Strukturen und Regeln selbst konsequent vorleben müssen. Für Ihr Kind sollten Sie der „Fels in der Brandung" sein: verlässlich sowie Halt und Sicherheit bietend.

Insofern nötigt Ihnen dieses Thema ganz sicher ein hohes Maß an Selbstdisziplin ab, die sich aber auch auf Ihre eigene Lebensqualität spürbar positiv auswirken sollte.

Sie helfen Ihrem Kind mit eindeutigen Regeln und der nötigen Disziplin, diese Regeln auch einzuhalten beziehungsweise sie umzusetzen. Die Regeln sollten klar verständlich und positiv formuliert sein, wie zuvor bereits beschrieben.

Falsch: *„Dein Zimmer darf abends nicht mehr unordentlich sein!"*
Richtig: *„Dein Zimmer muss abends aufgeräumt sein!"*

Regeln müssen verbindlich sein, sonst verdienen sie diese Bezeichnung nicht. Sie müssen so klar formuliert sein, dass alle Beteiligten genau wissen, worum es geht.

„Zimmer aufräumen ist wichtiger als Spielen" ist beispielsweise zu weich formuliert, denn es wird nicht klar, was genau damit gemeint ist.

Besser: *„Erst wenn dein Zimmer aufgeräumt ist, darfst du spielen.“* Diese Verbindlichkeit wird Ihr Kind Ihnen (zumindest langfristig) danken, denn Sie schaffen damit Planbarkeit und Sicherheit. Gerade hochsensible Kinder reagieren oft stark auf Überraschendes, Unerwartetes. In der Welt „draußen“ können wir sie nicht davor schützen, zu Hause schon.

Ein weiteres Beispiel für eine negativ formulierte Regel: *„Du darfst erst... (etwas, was sich das Kind sehr wünscht), wenn sich deine Leistungen in der Schule verbessert haben.“* Dieser Satz sagt im Grunde gar nichts aus: Weder wird klar, um *wie viel* sich die Leistungen verbessern sollen, noch in *welchem Zeitraum*.

Insbesondere wenn es um größere Verbesserungen der Leistung oder um größere Lernziele geht, ist es außerdem sinnvoll, kleine Etappenziele einzubauen.

Gerade hochsensible Kinder werden eher durch Lob motiviert als durch Strafen. Wenn Sie für bereits erreichte Zwischenziele Lob aussprechen können, verstärkt das die Motivation Ihres Kindes erheblich und spornt dadurch zum Weitermachen an.

Regeln müssen außerdem verlässlich sein. Was heute noch gut und richtig ist, kann morgen nicht plötzlich falsch sein - und umgekehrt.

Ihr Kind sollte sich hundertprozentig auf Sie verlassen können. Es muss ganz klar wissen, was richtig und was falsch ist. Wenn Sie heute so, morgen anders und übermorgen noch mal anders entscheiden, verliert Ihr Kind seine Orientierung.

Zur Selbstdisziplin gehört auch, in Konfliktsituationen bestmöglich die Ruhe zu bewahren. Schwierigkeiten mit der Hochsensibilität des Kindes (Verhalten zu Hause, Probleme in der Kita oder Schule) können sehr belastend sein und schon mal zum Streit in der Famile führen. Geben Sie ihrem Kind aber bitte *nie* die Schuld für Konflikte in der Familie!

Kein Mensch kann etwas für seine Veranlagung! Als Erwachsener kann man an den Auswirkungen seiner Veranlagungen auf sich selbst und seine Umwelt arbeiten. Kinder können das noch nicht. Deswegen wäre es fatal, die Hochsensibilität Ihres Kindes als Ursache für Konflikte heranzuziehen. Das wäre ein direkter Angriff auf die Persönlichkeit des Kindes – mit möglicherweise schweren Konsequenzen für dessen Zukunft.

Ein hochsensibles Kind spürt außerdem die Stimmungen anderer Menschen meist sehr gut. Wenn es Probleme oder Konflikte gibt, dann werden Sie diese vor Ihrem Kind vermutlich nicht lange verbergen können.

Umso wichtiger ist dann, dass Sie als verlässliche Eltern auch in solch schwierigen Situationen für Stabilität sorgen. Lügen Sie Ihr Kind nicht an oder tun so, als ob nichts wäre. Sprechen Sie stattdessen altersgerecht über die Themen, die Sie beschäftigen. Das Verheimlichen von Problemen wird nur die Unsicherheit Ihres Kindes vergrößern, denn mit seiner

Veranlagung merkt es ohnehin ganz genau, dass etwas nicht stimmt. Der offene Umgang sorgt überdies für eine Stärkung des Vertrauens, das Ihr Kind in Sie hat.

Genauso wichtig wie Regeln sind klare Strukturen. Neben den bereits erwähnten gemeinsamen Ritualen gehört für hochsensible Kinder ein klar strukturierter Alltag zu den Dingen, die Sicherheit geben und damit einen wichtigen Anker der Stabilität bilden.

Wenn Sie bereits ein Schulkind haben, gehört ein gut strukturierter Schreibtisch ins Kinderzimmer. Er dient zum Lernen und Arbeiten und nicht nebenbei noch als Spielfläche. Auf ablenkende Gegenstände oder unnötige Deko sollte so weit wie möglich vezichtet werden. Poster oder eine Weltkarte gehören nicht in Sichtweite des Schreibtisches eines hochsensiblen Kindes.

Die Füße sollten beim Arbeiten unbedingt den Boden berühren - Ihr Kind wird dadurch „geerdet“ und arbeitet konzentrierter. Bei der Einstellung von Arbeits- und Sitzhöhe muss also unbedingt darauf geachtet werden, dass eine solche Sitzhaltung möglich ist.

Wenn ein oder gar beide Beine nicht am Boden sind, verfällt ein hochsensibles Kind relativ schnell in eine Art Entspannungsmodus, in dem es schwer wird, sich gut zu konzentrieren. Das Zuhause sollte also nicht nur ein Ort der Ruhe und Geborgenheit sein, sondern eben auch der Ort für Verlässlichkeit. Liebevoll aufgestellte Regeln und klare Strukturen sind die Basis dafür.

Zusammenfassung:

- Seien Sie Vorbild. Seien Sie der „Fels in der Brandung“.

- Regeln müssen grundsätzlich positiv und klar formuliert sein.

- Regeln müssen außerdem verbindlich und verlässlich sein.

- Schaffen Sie Etappenziele, um so viel Anlass für Lob zu haben wie möglich. Dadurch wird Ihr Kind gerne weitermachen.

- Geben Sie Ihrem Kind nie die Schuld für familiäre Konflikte (selbst dann nicht, wenn tatsächlich die Hochsensibilität des Kindes der Grund dafür sein sollte).

- Sprechen Sie altersgerecht über Konflikte und verheimlichen diese nicht.

- Schaffen Sie so viel Struktur wie möglich in Ihrem Alltag.

- Der Schreibtisch Ihres Kindes ist für Schularbeiten bestimmt. Also keine Deko aber einen Stuhl, bei dem beide Füße den Boden berühren.

Weniger ist mehr

Dem Bedürfnis von hochsensiblen Kindern nach ruhigem Ausgleich können Sie als Eltern ganz maßgeblich dadurch nachkommen, dass Sie den Terminkalender Ihres Kindes nicht bis zum Anschlag füllen. Ihr Kind braucht seine Auszeiten!

Schaffen Sie Ihrem Kind genügend zeitliche Freiräume zur Regeneration. Wenn Ihr Kind eher zurückhaltend und kontaktscheu ist, tun Sie ihm keinen Gefallen, wenn Sie es trotzdem zu einer Gruppenaktivität anmelden, damit es dort Freunde findet. Im Gegenteil schaffen Sie damit eine zusätzliche Belastung. Bei vielen hochsensiblen Kindern haben sich statt Gruppensport eher Einzel- oder Kampfsportarten bewährt.

Wenn Ihr Kind gerne ein Musikinstrument lernen oder in einen Kunstkurs gehen möchte: Wundervoll!

Aber lassen Sie bei allen Aktivitäten immer noch ausreichend Raum für Freizeit, also Ruhe- oder Rückzugszeit im Sinne von wirklich *freier Zeit*.

Überfordern Sie Ihr Kind nicht, indem Sie es überfördern. Bereits im Kindergarten- und Vorschulalter haben Kinder heute oft ein derartig strammes und volles Programm, dass einem schwindelig werden kann. Auch hier ist weniger definitiv mehr! Was nützt es, wenn Ihr Kind bereits zur Einschulung perfekt Englisch spricht? Wenn es virtuos

Geige spielt, aber innerlich am ständigen Druck zerbricht und spätestens im Erwachsenenalter nur noch mit Hilfe von Therapien oder Psychopharmaka durchs Leben kommt?

Kinder sollten auch unbedingt Kind sein dürfen: Also Quatsch machen, herumalbern und unbeschwerten Spaß haben, Dinge entdecken, neugierig sein – und dabei auch mal auf die Nase fallen.

Lassen Sie Ihr Kind auch mal unangenehme Dinge und Situationen aushalten. Wenn es nötig ist, stellen Sie sich natürlich schützend vor Ihr Kind, aber nicht immer sofort und nicht bei jeder Kleinigkeit!

Ihr Kind muss schließlich für das Leben stark werden - und das lernt es nicht, wenn seine Eltern grundsätzlich alle Konflikte lösen.

Wenn Ihr Kind Angst vor großen Veranstaltungen hat, handeln Sie auch hier nach der Devise: Weniger ist mehr! Mein Sohn hatte beispielsweise große Angst vor dem ersten Sportfest an seiner Schule. Angst vor den vielen Menschen, Angst etwas nicht zu können, sich vielleicht zu blamieren und eine generelle Angst vor der neuen Situation überhaupt.

Mit viel Geduld, Liebe und gutem Zureden hat er an dem Sportfest schließlich doch teilgenommen – nach anfänglicher Skepsis hat es ihm sogar richtig Spaß gemacht.

Aber große Events wie Festivals oder öffentliche Feste, die man selber vielleicht gerne in der Freizeit besuchen möchte, muss man seinem Kind nicht unbedingt zumuten. Solche Kompromisse (die Schulveranstaltung ist ein „muss“, die Freizeitveranstaltung aber nicht unbedingt) reduzieren die Tage mit besonders starken Reizen auf ein Minimum.

Vermutlich wird so die „Belastbarkeit“ Ihres Kindes mit jedem Jahr ein klein wenig ansteigen.

Ein weiterer wichtiger Punkt: Da hochsensible Kinder häufig stark auf Veränderungen reagieren, sollten Sie diese auf das Nötigste beschränken. Unvermeidbare Veränderungen sollten mit dem Kind altersgemäß besprochen werden, damit es sich darauf vorbereiten kann.

Wie schon erwähnt, gilt „weniger ist mehr“ auch bei der Mediennutzung, weil Hochsensible sich leicht in den Fantasiewelten von Fernsehsendungen und Computerspielen verlieren können.

Zusammenfassung:

- Ihr Kind braucht keinen Terminkalender. Schon gar nicht einen, der so voll gepackt ist wie der eines Topmanagers.

- Das Wort Freizeit bedeutet in seinem ursprünglichen Sinn „freie Zeit“.

- Überfordern Sie Ihr Kind nicht, indem Sie es überfördern.

- Lassen Sie Ihr Kind das sein, was es ist: ein Kind.

- Stellen Sie sich schützend vor Ihr Kind, wenn es nötig ist, aber *nur* dann.

- Veranstaltungen mit vielen Menschen sollten Sie stark selektieren. Suchen Sie Events sorgfältig aus

- So wenig Veränderungen wie möglich. Wenn etwas Neues ansteht, sprechen Sie mit Ihrem Kind rechtzeitig darüber, damit es genug Zeit hat, um sich darauf vorbereiten zu können.

- Begrenzen Sie den Medienkonsum auf ein Minimum.

Zu guter Letzt: Die bislang genannten Tipps richteten sich vor allem an Eltern. Wie aber verhält es sich mit Erzieherinnen und Erziehern, beziehungsweise Lehrerinnen und Lehrern?

Wenn Sie als Eltern mit den Pädagoginnen und Pädagogen Ihrer Kinder über Hochsensibilität reden, sollten Sie unbedingt die Hinweise im folgenden Kapitel beachten.

Als Pädagogin oder Pädagoge sollten Sie sich bewusst sein, dass in Ihren Gruppen vermutlich immer jeweils ein bis zwei hochsensible Kinder sind. Mit ein wenig Verständnis wird es Ihnen möglich sein, gute Lösungen für diese Kinder zu finden.

Ruhepole zu schaffen ist beispielsweise meist ganz einfach machbar und sehr effektiv. Ansonsten sind die meisten der bereits genannten Tipps nicht nur im Elternhaus, sondern auch sehr gut in Bildungseinrichtungen umsetzbar.

Die Neurowissenschaft hat in den letzten Jahren ganz erstaunliche Fortschritte gemacht. Inzwischen ist erwiesen, dass Menschen (egal ob hochsensibel oder nicht) unter Druck nur einen kleinen Teil Ihres Gehirns nutzen beziehungsweise nutzen können. Wirklich herausragende Lernleistungen werden nur erreicht, wenn die intrinsische Motivation angeregt wird: Wenn es Ihnen als Pädagogin oder Pädagoge gelingt, bei den Lernenden Spaß und Begeisterung zu entfachen, werden Sie gerade bei hochsensiblen Kindern faszinierende Lehr- und Lernerfolge erleben.

7 GANZ NORMAL: EIN APPELL FÜR EINEN LEICHTEN UMGANG MIT HS

Wenn Sie im Laufe der Lektüre festgestellt haben, dass Sie ein hochsensibles Kind haben, so sollte dies weder ein Grund zur Traurigkeit sein noch zur Euphorie. Hochsensible Kinder sind nämlich vor allem eines: ganz normal!

Es ist für die Entwicklung des Kindes immens wichtig, dass Sie über die Besonderheiten dieses Wesenszuges informiert sind, aber Sie müssen Ihr Kind weder „in Watte packen" noch seine Hochsensibilität als besondere Gabe feiern.

Stattdessen sollten Sie Ihrem Kind - wie im vorherigen Kapitel beschrieben - eine gesunde Stabilität geben. Wenn Sie sich zu viele Sorgen über Hochsensibilität machen, wird gerade ein solches Kind dies besonders schnell spüren und daraus eine

Unsicherheit entwickeln, die sich möglicherweise durchs ganze Leben zieht. Geben Sie ihrem Kind also Halt, Sicherheit, Verständnis und vor allem Liebe!

Hochsensibilität - Kein Thema für Ihr Kind

Hochsensibilität sollte in der Familie gar nicht (oder wenn, dann nur am Rande) thematisiert werden – denn ansonsten erhält dieses Charaktermerkmal einen überhöhten Stellenwert. Es ist schließlich „nur" ein ganz normaler Wesenszug, den Ihr Kind mit fünfzehn bis zwanzig Prozent der Bevölkerung teilt.

Hochsensible Kinder merken spätestens in der Schule (vermutlich aber bereits in der Kita), dass sie anders sind. Wenn man diesem Anderssein auch noch einen Namen gibt, wirkt es erst recht wie eine Krankheit oder Störung.

Besser ist es, dem Kind ruhig zu erklären, dass es viel mehr fühlen kann als andere. Suchen Sie sich ein paar individuelle Positiv-Beispiele, anhand derer Sie Ihrem Kind diesen Wesenszug erklären.

Hochsensibilität ist keine Entschuldigung

Bei manchen hochsensiblen Erwachsenen ist gelegentlich zu beobachten, dass beinahe jede unangenehme Situation in eben diesem Kontext bewertet wird. Das ist zwar einerseits verständlich, kann aber andererseits leicht dazu führen, dass Hochsensibilität quasi zur Erklärung und

Entschuldigung für alle negativen Erfahrungen wird. Zieht man sich zu sehr auf diese -zugegebenermaßen sehr bequeme- Position zurück, so wird schließlich die Fähigkeit zur Selbstreflexion immer stärker gemindert. Schuld an allem Schlechten haben ja gerne die anderen, die weniger Sensiblen. Man selbst ist dank der eigenen Hochsensibilität praktisch vor jeglicher Kritik und Selbstkritik geschützt. Tatsächlich aber ist man nicht automatisch ein besserer Mensch, nur weil man hochsensibel ist.

Bestimmt wünscht man sich als Hochsensibler (egal ob Kind oder Erwachsener) ganz oft mehr Verständnis von seinen Mitmenschen, und natürlich sind viele Situationen für Hochsensible sehr belastend. Insofern ist es immer eine Gratwanderung zwischen dem Wunsch nach Verständnis oder Akzeptanz und dem Zurückziehen auf eine Position des Selbstmitleids.

Dennoch halte ich es für grundverkehrt, sich als hoch-sensible Person in eine Art „Opferrolle“ zu begeben.

Besonders schwierig wird diese Einstellung, wenn sie auf die Kindererziehung Einfluss findet. Etwa, indem man dem Kind immer wieder erklärt, dass es grundsätzlich nichts für negative Situationen könne, da es ja hochsensibel sei und somit einfach nur von anderen nicht richtig verstanden werde. Auch wenn diese Art der Erziehung bequem und zumindest zu Beginn auch tröstend für das Kind ist: Langfristig tut man ihm damit keinen Gefallen - im Gegenteil!

Das Kind lernt nicht, sich zu reflektieren und Lösungen zu entwickeln. Stattdessen lernt es nur, bei Problemen automatisch in eine Art standardisierten Erklärungsmodus zu fallen, der aber in keiner Weise dazu geeignet ist, Konflikte zu lösen oder zu vermeiden.

Wenn wir sie auf diese Weise schonen, unterschätzen wir die Kinder, denn sie wachsen an ihren Herausforderungen und können damit viel besser umgehen, als wir Eltern es ihnen oft zutrauen.

Was die hochsensiblen Kinder statt selbstbemitleidender Entschuldigungsstrategien brauchen, sind Lebensstrategien, die auf Selbsterkenntnis und Selbstakzeptanz beruhen. Den Grundstein dafür müssen Sie legen: Zeigen Sie ihrem Kind jeden Tag aufs Neue, dass sie es lieben - mit all seinen Eigenarten!

Machen Sie sich die Mühe, die individuellen Stärken ihres Kindes weiter zu stärken und geben Sie ihm zu Hause den Halt, den es braucht.

Denn wie bereits erwähnt, sollte jedes Kind zu Hause bedingungslos akzeptiert werden - mit all seinen Ängsten, Schwächen und auch seinen Besonderheiten. Wenn diese jedoch zu sehr zum Problemthema werden, wie soll das Kind sich selbst gegenüber eine wertschätzende Grundhaltung entwickeln?

Hinzu kommt, dass die Eigenschaften, die man selbst als problematisch oder schwierig ansieht, vom Kind möglicherweise gar nicht so empfunden werden.

Insofern besteht bei zu viel Aufmerksamkeit gegenüber vermeintlichen Schwächen die Gefahr, dass Ihr Kind sie deswegen überhaupt erst als solche wahrnimmt.

Für diese Gratwanderung zwischen Achtsamkeit, Rücksicht und Verständnis auf der einen Seite und einem entspannten Umgang mit der Hochsensibilität auf der anderen Seite gibt es keine allgemeingültigen Regeln! Ebenso wenig, wie es Regeln für „richtiges“ oder „falsches“ Leben gibt, denn jeder Mensch ist einzigartig und anders.

In christlichen Texten wird der Weg des Lebens gelegentlich als eine Bergtour beschrieben: mal anstrengend und schwierig, dann wieder erholsam und von großartigen Ausblicken belohnt. Und gerade das macht ja den Reiz dieser Reise durch das Leben aus.

Um in diesem Bild zu bleiben: Lassen Sie Ihr Kind seine eigenen Reiseerfahrungen machen. Seien Sie ein fürsorglicher und verlässlicher Begleiter, aber nehmen Sie Ihrem Kind nicht alle Strapazen ab. Spätestens wenn es seinen Weg allein fortsetzen will, wird es Erfahrung mit schwierigen Wegstrecken und Kraft für deren Bewältigung benötigen.

„Erziehung ist Beispiel und Liebe, sonst nichts!“

Friedrich Fröbel (1782-1852), deutscher Pädagoge,
1837 Gründer des ersten Kindergartens

LITERATUR- & QUELLENNACHWEIS

„Sind Sie hochsensibel? Wie Sie Ihre Empfindsamkeit erkennen, verstehen und nutzen“

Dr. Elaine Aron

ISBN 9783636062468 | 2005 mvg Verlag

„Das hochsensible Kind: Wie Sie auf die besonderen Schwächen und Bedürfnisse Ihres Kindes eingehen“

Dr. Elaine Aron

ISBN 9783636063564 | 2008 mvg Verlag

„Zart Besaitet: Selbstverständnis, Selbstachtung und Selbsthilfe für hochsensible Menschen“ | Georg Parlow

ISBN 9783950176506 | 2014 Festland Verlag

„Normal - Gegen die Inflation psychiatrischer Diagnosen“ | Allen Frances

ISBN 9783832197001 | 2013 Dumont Buchverlag

„Der umgeschulte Linkshänder (Oder: Der Knoten im Gehirn)“ | Dr. Johanna Barbara Sattler
ISBN 9783403026457 | 2013 Auer Verlag

„Linke Hand, rechte Hand: Ein Ratgeber zur Händigkeit für Eltern, Pädagogen und Therapeuten“
Almuth Vasterling, Gabriele Weiland & Dr. Johanna Barbara Sattler
ISBN 9783824808755 | 2011 Schulz-Kirchner Verlag

„The highly sensitive brain: an fMRI study of sensory processing sensitivity and response to others‘ emotions“ | Bianca P. Acevedo, Dr. Elaine Aron, Arthur Aron, Mathew-Donald Sangster, Nancy Collins & Lucy L. Brown
2014 Brain & Behaviour, Volume 4, Issue 4

ARNE SALIG

Arne Salig wird 1966 in Hamburg geboren. Bereits als Jugendlicher schreibt er erste Texte und Gedichte. *„Das Interesse für Psychologie hat mein Großvater geweckt"*, erklärt Salig. Dieser hatte die Bibliothek für Psychiatrie in der Universitätsklinik Hamburg-Eppendorf aufgebaut und dann jahrzehntelang geleitet. *„Mit ihm habe ich schon als Jugendlicher viele interessante und lehrreiche Gespräche führen können."*

Während Arne Salig zunächst in der Medienbranche arbeitet, bleibt der Gedanke zu schreiben und damit etwas Gutes für andere Menschen zu tun. Mit Anfang dreißig entschließt er sich zur Ausbildung als „Psychologischer Berater IAPP". Bereits während dieser Ausbildung beschäftigt sich Salig intensiv mit der Kraft der Gedanken und der Kraft des Unterbewusstseins. *„Wir neigen dazu, sehr komplizierte Lösungen zu suchen, um glücklich zu leben“*, erklärt er. *„Dabei ist es eigentlich ganz einfach. Die Antworten auf alle Fragen sind in uns.“* Gemeinsam mit dem Liedermacher und Philosophen Mario Hené schreibt er das Buch „Der Weg zum Lächeln“, basierend auf Henés Songtexten.

Es folgen weitere Ausbildungen zum zertifizierten Trainer, Coach und Dozenten für Erwachsenenbildung. Parallel dazu entwickelt Salig mit Medizinern und Psychologen „5aspects“, eine Self-Coaching-Methode, die vor allem auf Grund ihrer Einfachheit besticht. *„5aspects wirkt dort, wo es besonders wirkungsvoll ist: im Unterbewusstsein. Und wirklich jeder Mensch kann diese Methode anwenden. Alles was es braucht, ist Disziplin und täglich etwa fünf Minuten Zeit!“*

Neben Trainings für Fach- und Führungskräfte in Unternehmen liegt der Schwerpunkt seiner Arbeit heute auf dem ganzheitlichen Coaching und der Psychologischen Beratung von Privatpersonen.

Wir fragten uns, was sie wohl für ein Geheimnis habe, dass sie mit ihren sechzig Jahren so umwerfend aussah. Ihre Antwort war verblüffend: „C'est simple: J'aime la vie!“

Mario Hené & Arne Salig | Der Weg zum Lächeln
Mellingburger Verlag 2013